IMPRESSUM

Olivers glutenfreie Nudelwelt
Oliver Welling, *www.olivers-glutenfreie-rezepte.com*

1. Auflage 2023

ein Imprint der Kraterleuchten GmbH, Gartenstraße 3, 54550 Daun
Verlagsleitung: Sven Nieder

Lektorat und Korrektorat: Tim Becker
Fotos: Oliver Götz
Logo »Olivers glutenfreie Welt«: Hasegold
Gestaltung, Satz, Umschlag: Björn Pollmeyer

Gedruckt in der Europäischen Union, Finidr, CZ

MIX
Papier aus verantwortungsvollen Quellen
FSC® C014138

ISBN 978-3-95540-710-0
www.regionalia-apart.de

Oliver Welling

OLIVERS *glutenfreie* NUDELWELT

REGIONALIA
apart

Inhalt

Tipps, Tricks und Hinweise

Grundrezepte

Vorspeisen

Hauptgerichte

Inhalt

Salate

Desserts

EINFÜHRUNG

In diesem Buch nehme ich euch mit in meine Nudelwelt.

Wie ich euch bereits mit meinen beliebten Backrezepten davon überzeugen konnte, wie einfach es ist, Leckeres glutenfrei zuzubereiten, so zeige ich euch hier, wie einfach ihr mit meinen Nudelrezepten schnelle und außergewöhnliche Gerichte zaubern könnt. Der Clou: Alle Nudelteige lassen sich gut lagern und einfrieren, ohne Qualitäts- oder Geschmacksverluste.

Mit meinen gelingsicheren Nudelteig-Rezepten könnt ihr sofort loslegen. Mit vielen wundervollen und einfachen Gerichten, mit denen ihr euch, eure Familien und Freunde immer wieder aus Neue verwöhnen könnt. Ob vegan oder nicht-vegan, ob Klassiker oder Neues – ich inspiriere euch, einfach nach Herzenslust auszuprobieren, mit leckeren Füllungen und Soßen, bei denen euch das Wasser auf der Zunge zusammenläuft.

Mögt ihr Pasta einmal anders? Ich zeige euch, wie viele Geschmacksvarianten ihr aus ein und demselben Nudelteig herstellen könnt. Wie ihr mit Naturfarben aus Spinat-, Rote-Bete- und Sepia-Pulver tolle Farben zaubert. Wie ihr raffiniert Möhrensaft oder Kakao verarbeitet.

Und ich verspreche euch: Kinder werden völlig begeistert sein, wenn sie als Dessert warme Kakao-Nudeln bekommen, mit Milch- oder Vanille-Soße.

Also, ran an den Teig!

Viel Freude und Genuss wünscht euch

Euer

Tipps, Tricks
und Hinweise

AUF DIE SCHNELLE:

1. Den Nudelteig am besten frisch verarbeiten.
2. Den Nudelteig immer gut einpacken, sonst trocknet er aus.
3. Bei der Verarbeitung immer den Teil, der nicht gebraucht wird, einpacken.
4. Am besten den Nudelteig als flaches Rechteck einpacken und kalt legen.
5. Sollte der Nudelteig im Kühlschrank gelegen haben, dann mindestens 1 Stunde vor Gebrauch aus dem Kühlschrank nehmen und Raumtemperatur ziehen lassen.
6. Nudelwasser immer intensiv salzen, da im Teig kein Salz zugegeben ist.

ALLGEMEINE TIPPS

1. Nudeln auf Brettern oder Tellern trockenen lassen, die leicht mit Mehl bestäubt sind. Bei der Verwendung von Backpapier, dieses ebenfalls leicht bestäuben, denn Backpapier isoliert und hält die Nudeln länger feucht. Mit etwas Mehl darunter gelingt es besser.

2. Bei kleinen oder kurzen Nudeln keine zu hohen Schichten zum Trocknen legen und immer wieder mit Mehl bestäuben.

3. Beim Trocknen von Spaghetti, z. B. auf einem Nudeltrockner, immer äußerst behutsam sein. Der glutenfreie Teig ist während und nach dem Trocken brüchiger als glutenhaltiger Teig.

4. Wenn ihr Nudeln vorbereiten wollt, könnt Ihr sie so über den Tag stehen lassen und erst dann kochen.

5. Wollt Ihr die Nudeln richtig trocknen, gelingt dies nur, wenn Ihr eine Lage Pasta auslegt und diese dann mindestens 4–6 Tage trocknen lasst. Alle 2 Tage wenden.

6. Getrocknete Nudeln mit Ei würde ich nach dem Trocknen auf jeden Fall einfrieren.

7. Spätzle, Gnocchi und Schupfnudeln empfehle ich, gekocht und feucht einzufrieren. Dazu nur kurz absieben und dann auf ein Tablet mit Backpapier verteilen (möglichst ohne gegenseitige Berührung) und dann einfrieren. Wenn sie gefroren sind, dann verpacken und einfrieren. Das gefrorene Wasser um die Nudeln/Spätzle oder Gnocchi schützen sie vor Gefrierbrand, dadurch können sie noch länger gelagert werden.

8. Eingefrorene, vorgekochte Nudeln und Co bei Bedarf aus dem Gefrierschrank nehmen. Dann erst das Wasser zum Kochen bringen. Bis es kocht, können die Nudeln antauen und sie können dann kurz fertig erhitzt werden.

9. Spätzle gekocht einfrieren und gefroren in die Mikrowelle geben und erhitzen. Das ist der einfachste Weg. Sie können auch wieder in kochendes Wasser gegeben werden, da die Spätzle jedoch bereits fertig gegart sind, könnten sie dann zu weich werden.

10. Da so gut wie alle Nudelteige ohne Salz hergestellt werden, noch einmal der Hinweis, das Nudelwasser wirklich reichlich zu salzen. Zum einen gibt es den Nudeln Aroma und zudem nutze ich in sehr vielen Rezepten das Nudelwasser zum Würzen der Soßen u. a. Das erspart zusätzliches Salz.

MANUELLE NUDELHERSTELLUNG

1. Bei der Nudelherstellung mit einer manuellen Nudelmaschine sollte der Teig geschmeidig sein und darf nicht zu stark bemehlt werden, da sonst das Mehl den Teig bei mehrfachem Ausrollen spröde und brüchig machen.
2. Wenn ihr Teigplatten, Ravioli oder Tortellini machen wollt, bitte den ausgerollten Nudelteig immer gut mit einem trockenen Pinsel oder kleiner Tischbesen abkehren. Dann halten sie später besser. Außerdem kann man die Reste besser wiederverwenden und der Teig wird nicht trocken und brüchig.

AUTOMATISCHE NUDELMASCHINE

1. Bei der Nudelherstellung mit einer automatischen Nudelmaschine immer ruhig bleiben. Sollten einmal die Nudeln nicht so gut aussehen, einfach die Nudeln erneut zusammenkneten oder sie zurück in die Maschine geben.
2. Eine automatische Nudelmaschine kann jederzeit bei der Ausgabe der Nudeln gestoppt werden, falls Ihr nicht nachkommt oder Nudeln zurückgeben wollt.
3. Die besten Ergebnisse bekommt Ihr, wenn die Matrize angewärmt ist. Dafür einfach die ersten Nudeln wieder zurück in die Maschine geben.
4. Wenn Pasta auf Vorrat gemacht werden soll, ist es sehr hilfreich, wenn bei der Nudelausgabe direkt Mehl über die Nudeln gestäubt wird. Dafür am besten einen Puderzuckerstreuer mit Reismehl oder Buchweizenmehl direkt über die Ausgabe halten und stetig die Nudeln leicht abstauben.
5. Die Matrizen lassen sich einfach und schnell reinigen, indem sie grob vorgereinigt und dann einfach für ein paar Stunden liegen gelassen werden. Der Teig trocknet aus und zieht sich minimal zusammen und lässt sich dann mit dem beiliegenden Werkzeug reinigen und dann erst waschen.
6. Die Matrizen *vor* dem Waschen erst gründlich reinigen, denn sonst schmiert der Teig und der Aufwand erhöht sich.

Grundrezepte

NUDELTEIG GRUNDREZEPT MIT EI

EIN GRUNDREZEPT FÜR AUTOMATISCHE NUDELMASCHINEN FINDET IHR AUF SEITE 30!

für 2–3 Portionen

ZUTATEN

250 g Schär Farine
30 g Wasser
20 g Olivenöl
150 g Ei

HERSTELLUNG

Aus den Zutaten, entweder von Hand oder mit einer Küchenmaschine, einen homogenen Teig von gleichmäßiger, gelber Farbe kneten. Wenn mit der Küchenmaschine gearbeitet wird, den Teig ggf. mit der Hand fertigstellen, denn er sollte bitte nicht zu lange maschinell geknetet werden, da er sonst bröselig wird!

Da kein Salz im Rezept ist, bitte das Kochwasser intensiver salzen.

Einen Topf mit reichlich gesalzenem Wasser aufsetzen. Den Teig so dünn wie möglich ausrollen (1 bis 2 mm), dann mit wenig Reismehl einstauben und ca. 5 cm breit zusammenrollen.

Mit einem scharfen Messer oder Pizzaroller in die gewünschte Breite schneiden; die Nudeln dann vorsichtig auflockern, sodass sie auseinandergehen. In das sprudelnd kochende Salzwasser geben.

Die Nudeln im Wasser mit einem Löffel kurz durchmischen und 4 bis 5 min sprudelnd kochen lassen. Bitte nach 4 min eine Probe machen, ob die Nudeln bereits al dente sind.

Auf Seite 34 zeige ich euch, wie ihr farbige Nudelteige herstellen könnt!

NUDELTEIG GRUNDREZEPT OHNE EI

für 2–3 Portionen

ZUTATEN

250 g Schär Farine
10 g Wasser
15 g Olivenöl
150 g Zucchini oder Aubergine
5 g Salz

HERSTELLUNG

Die Zucchini oder Aubergine sorgfältig schälen und pürieren. Die Masse muss sehr fein sein, damit später im Teig keine Stückchen sind, sonst reißt der Teig beim Ausrollen.

Aus allen Zutaten, entweder von Hand oder mit einer Küchenmaschine, einen homogenen Teig kneten. Wenn mit der Küchenmaschine gearbeitet wird, den Teig ggf. mit der Hand fertigstellen, denn er sollte bitte nicht zu lange maschinell geknetet werden, da er sonst bröselig wird!

Für Bandnudeln: Einen Topf mit reichlich, gut gesalzenem Wasser aufsetzen. Den Teig so dünn wie möglich ausrollen (höchstens 1 mm). Den ausgerollten Teig auf 5 cm Breite aufrollen und mit einem scharfen Messer in schmale Streifen schneiden. In das sprudelnd kochende Salzwasser geben.

Die Nudeln im Wasser mit einem Löffel kurz durchmischen und mind. 5 bis 6 min sprudelnd kochen lassen. Bitte eine Probe machen, denn diese Nudeln müssen durchgekocht sein für den guten Geschmack.

Auf Seite 34 zeige ich euch, wie ihr farbige Nudelteige herstellen könnt!

DUNKLER NUDELTEIG OHNE EI

für 2–3 Portionen

ZUTATEN FÜR 1 LEINSAAT-EI

1 EL Leinsaat-Mehl
3 EL heißes oder kochendes Wasser

ZUTATEN TEIG

250 g Schär Farine
120 g Wasser
20 g Olivenöl
3 Leinsaat-Eier
5 g Salz

HERSTELLUNG LEINSAAT-EI

Das Leinsaatmehl mit dem heißen Wasser optimal vermischen und mind. 15 min quellen lassen.

HERSTELLUNG TEIG

Aus den Zutaten, entweder von Hand oder mit einer Küchenmaschine, einen homogenen Teig kneten. Wenn mit der Küchenmaschine gearbeitet wird, den Teig ggf. mit der Hand fertigstellen, denn er sollte bitte nicht zu lange maschinell geknetet werden, da er sonst bröselig wird!

Für Bandnudeln: Einen Topf mit reichlich, gut gesalzenem Wasser aufsetzen. Den Teig so dünn wie möglich ausrollen (höchstens 1 mm). Den ausgerollten Teig auf 5 cm Breite aufrollen und mit einem scharfen Messer in schmale Streifen schneiden. In das sprudelnd kochende Salzwasser geben.

Die Nudeln im Wasser mit einem Löffel kurz durchmischen und mind. 10 min sprudelnd kochen lassen. Bitte nach 8 min eine Probe machen, ob die Nudeln bereits al dente sind.

1

2

3

4

5

SÜSSER SCHOKO-NUDELTEIG

für 2–3 Portionen

ZUTATEN

220 g Schär Farine
30 g Wasser
20 g Olivenöl
150 g Ei
30 g Backkakao
10 g Zucker
Etwas Vanille-Aroma
Etwas Rum-Aroma (optional, aber nicht für Kinder)

HERSTELLUNG

Mehl und Backkakao zusammen sieben. Zucker und Aromen mit dem Wasser mischen und möglichst auflösen lassen.

Aus den Zutaten, entweder von Hand oder mit einer Küchenmaschine, einen homogenen Teig von gleichmäßiger, gelber Farbe kneten. Wenn mit der Küchenmaschine gearbeitet wird, den Teig ggf. mit der Hand fertigstellen, denn er sollte bitte nicht zu lange maschinell geknetet werden, da er sonst bröselig wird!

Da kein Salz im Rezept ist, bitte das Kochwasser intensiver salzen.

Einen Topf mit reichlich gesalzenem Wasser aufsetzen. Den Teig so dünn wie möglich ausrollen (1 bis 2 mm), dann mit *wenig* Reismehl einstauben und ca. 5 cm breit zusammenrollen.

Mit einem scharfen Messer oder Pizzaroller in die gewünschte Breite schneiden; die Nudeln dann vorsichtig auflockern, sodass sie auseinandergehen. In das sprudelnd kochende Salzwasser geben.

Die Nudeln im Wasser mit einem Löffel kurz durchmischen und 4 bis 5 min sprudelnd kochen lassen. Bitte nach 4 min eine Probe machen, ob die Nudeln bereits al dente sind.

SÜSSER VANILLE-NUDELTEIG

für 2–3 Portionen

ZUTATEN

260 g Schär Farine
30 g Wasser
20 g Olivenöl
150 g Ei
10 g Vanille-Zucker
10 g Zucker

HERSTELLUNG

Vanille-Zucker und Zucker im Wasser mischen und möglichst auflösen.

Aus den Zutaten, entweder von Hand oder mit einer Küchenmaschine, einen homogenen Teig von gleichmäßiger, gelber Farbe kneten. Wenn mit der Küchenmaschine gearbeitet wird, den Teig ggf. mit der Hand fertigstellen, denn er sollte bitte nicht zu lange maschinell geknetet werden, da er sonst bröselig wird!

Da kein Salz im Rezept ist, bitte das Kochwasser intensiver salzen.

Einen Topf mit reichlich gesalzenem Wasser aufsetzen. Den Teig so dünn wie möglich ausrollen (1 bis 2 mm), dann mit *wenig* Reismehl einstauben und ca. 5 cm breit zusammenrollen.

Mit einem scharfen Messer oder Pizzaroller in die gewünschte Breite schneiden; die Nudeln dann vorsichtig auflockern, sodass sie auseinandergehen. In das sprudelnd kochende Salzwasser geben.

Die Nudeln im Wasser mit einem Löffel kurz durchmischen und 4 bis 5 min sprudelnd kochen lassen. Bitte nach 4 min eine Probe machen, ob die Nudeln bereits al dente sind.

NUDELREZEPTE MIT EINER AUTOMATISCHEN NUDELMASCHINE

TIPPS ZUM REZEPT

Wiegt eure Gesamtflüssigkeitsmenge (20 g Öl + 3 Eier Gr. L) zur Sicherheit noch mal extern ab. Die optimale Gesamtflüssigkeitsmenge liegt bei den meisten Matrizen bei genau 186 g. Es kann aber je nach Matrize auch leicht variieren, da müsst ihr dann grammweise testen.

Die Gesamtflüssigkeitsmenge sollte zwischen 186 g und 190 g liegen, auf keinen Fall aber mehr!

Geht hierzu am besten wie folgt vor: 20 g Öl in einem hohen Becher einwiegen, 3 Eier Größe L verquirlen und damit das Öl im Becher auf 186 bis 190 g auffüllen und alles zusammen noch einmal wirklich sehr fein verquirlen, es dürfen keine Schlieren mehr sichtbar sein.

Das Mehl bitte auch extern abwiegen, manche Nudelmaschinen wiegen etwas ungenau.

Der Teig benötigt im Gegensatz zu glutenhaltigen Teigen keine Teigruhe.

TIPPS IM UMGANG MIT DEM PASTA MAKER VON PHILIPS

Maschine einstecken, Programm mit Ei auswählen.

Wenn die Anzeige auf 0 steht, Deckel der Maschine herunternehmen und warten, bis die Anzeige wieder auf 0 steht.

Jetzt nur das extern abgewogene Mehl in den PM geben und den PM mit dem Deckel verschließen.

Nun auf die Play/Pause-Taste drücken.

Der PM zeigt jetzt eine empfohlene Flüssigkeitsmenge an, basierend auf dem Gewicht des Mehls.

Da der PM aber auf glutenhaltige Teige ausgelegt ist, diesen Schritt bitte einfach ignorieren.

Erneut die gleiche Taste drücken, der PM startet nun mit der Umwälzung des Mehls

Nun die Eier-Öl-Mischung ganz langsam, schluckweise über die Schlitzöffnungen im Deckel des PM dazu gießen.

Nach 3 Minuten Knetvorgang startet der PM automatisch mit der Ausgabe.

NUDELTEIG GRUNDREZEPT MIT EI FÜR EINE NUDELMASCHINE

für ca. 2 Portionen

ZUTATEN

270 g Schär Farine
20 g Olivenöl
3 Eier Größe L

WICHTIG!
EIER UND ÖL SOLLTEN IN DER MENGE ZWISCHEN 186 UND 190 G LIEGEN. AUF KEINEN FALL MEHR ODER WENIGER.

HERSTELLUNG

Die Eier und das Öl in ein Gefäß mit Schnabel geben und wirklich gut verquirlen. Das Mehl in die Nudelmaschine geben und das Programm zum Anmischen starten. Jetzt das Eier-Öl-Gemisch langsam schluckweise zugeben. Das Gerät fertig kneten lassen. Der Pasta Maker startet nach 3 Minuten Kneten mit der Ausgabe der Nudeln. Nudeln auf gewünschter Länge mit dem dazugehörigen Schaber oder einem Messer abschneiden.

Wenn die ersten Nudeln nicht so großartig sind, diese einfach wieder oben in die Nudelmaschine geben und neu ausgeben lassen.

Die Ausgabe der Nudeln ist anfangs schneller und wird dann langsamer, je weniger Teig in der Maschine ist. Dies ist völlig normal.

Es ist auch völlig normal, dass an der Schnecke und in der Matrize ein kleiner Rest Nudelteig ein Rest bleibt. Diesen Teig kann man in einem Gefrierbehälter einfrieren und sammeln, bis wieder eine Portion Nudelteig zusammen ist. Dann den Nudelteig einfach auftauen und vom PM ausgeben lassen.

Einen Topf mit reichlich Wasser aufsetzen. Da kein Salz im Rezept ist, muss bitte das Kochwasser intensiver gesalzen werden.

Die Nudeln im Wasser mit einem Löffel kurz durchmischen und 4 bis 5 min sprudelnd kochen lassen. Bitte nach 4 min eine Probe machen, ob die Nudeln bereits al dente sind. (Hier muss jeder ein wenig selbst testen, wie er die Nudeln gegart haben möchte, einfach mal eine Nudel probieren.)

Nach der Benutzung die Nudelmaschine am besten mit kaltem (!) Wasser reinigen, dann ist sie in Sekundenschnelle wieder sauber.

Achtet auf die allgemeinen Hinweise und Gebrauchsanweisung eures Gerätes! Für Schaden an der Nudelmaschine durch unsachgemäßen Gebrauch wird keine Haftung übernommen.

Auf Seite 34 zeige ich euch, wie man bunte Teige herstellt. Bitte beachten, dass die Farben in den folgenden Nudelteigen die hellen Plastikteile einfärben können, aber auf jeden Fall Spuren hinterlassen werden. Dies ist nicht schlimm. Nach gründlicher Reinigung färben diese Spuren auch nicht in andere Teige ab.

FARBIGE NUDELTEIGE

ZUTATEN

→ *Grundrezept Nudelteig von Seite 21, 22 oder 30*

ROT

20 g Rote-Bete-Pulver

GRÜN

20 g Spinat-Pulver

SCHWARZ

5–10 g Sepiatinte-Pulver

TOMATE

20 g Tomaten-Pulver

NUDELTEIG VERSION ROT

Zum Grundrezept 20 g (je nach gewünschter Intensität der Farbe) Rote-Bete-Pulver zum Grundrezept (ins Mehl) dazu geben und gut mischen. 5 g Wasser mehr einwiegen.

NUDELTEIG VERSION GRÜN

Zum Grundrezept 20 g (je nach gewünschter Intensität der Farbe) Spinat-Pulver zum Grundrezept (ins Mehl) dazu geben und gut mischen. 5 g Wasser mehr einwiegen.

NUDELTEIG VERSION SCHWARZ

Zum Grundrezept 5–10 g (je nach gewünschter Intensität der Farbe) Sepiatinte-Pulver zum Grundrezept (ins Mehl) dazu geben und gut mischen.

NUDELTEIG VERSION TOMATE

Zum Grundrezept 20 g (je nach gewünschter Intensität des Aromas) Tomaten-Pulver zum Grundrezept (ins Mehl) dazu geben und gut mischen. 5 g Wasser mehr einwiegen.

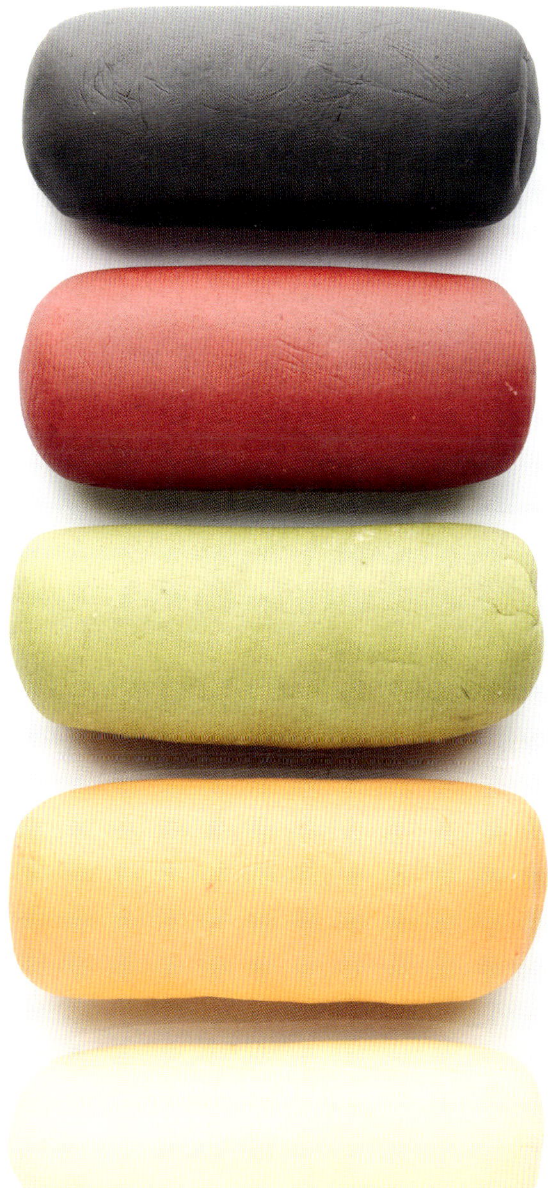

GNOCCHI (MIT UND OHNE EI)

für 2–3 Portionen

ZUTATEN TEIG MIT EI

500 g Kartoffeln, mehlig
50 g Ei
7 g Salz
75 g Schär Farine

ZUTATEN TEIG OHNE EI

500 g Kartoffeln, mehlig
8 g Salz
100 g Schär Farine

DIE TYPISCHE RILLUNG DER GNOCCHI KÖNNT IHR ENTWEDER MIT EINEM NUDELBRETT ODER EINER GABEL ERSTELLEN.

HERSTELLUNG

Die Kartoffeln mit Schale gar kochen und mind. 60 min auskühlen lassen und schälen.

Die abgekühlten Kartoffeln durch eine Kartoffelpresse drücken. Sollte keine Presse im Haushalt sein, kann auch ein Stampfer benutzt werden, hierbei ist aber darauf zu achten, dass in der Kartoffelmasse keine Stückchen mehr vorhanden sind.

Gekochte Kartoffeln bitte nicht mixen, sonst werden sie schmierig.

Nun 75 g Mehl dazugeben und von Hand verkneten. Bei der Variante ohne Ei, die 100 g Mehl dazu geben und von Hand verkneten.

Sollte der Teig noch zu klebrig und zu weich sein, den Rest des Mehls unterkneten und eventuell noch weiteres Mehl hinzufügen. Bitte dabei unbedingt berücksichtigen, dass das Farine nachzieht und sich die endgültige Festigkeit erst nach 15 bis 30 min Ruhe zeigt.

Nach der Ruhephase den Tisch dünn bemehlen und den Teig achteln.

Jetzt dünne Stangen rollen und die Gnocchi in ca. 1 bis 2 cm Stückchen abschneiden. Diese Stücke dann leicht mit Mehl bestreuen und mit den Zinken einer Gabel das typische Muster eindrücken.

Einen großen Topf mit gut gesalzenem Wasser zum Kochen bringen und die Gnocchi in nicht zu großen Portionen in das kochende Wasser geben. Sie sinken zuerst zu Boden, nach ca. 2 min schwimmen sie dann nach oben. Jetzt mit einem Schaumlöffel die Gnocchi aus dem Wasser nehmen und in ein Sieb geben, damit das restliche Kochwasser ablaufen kann.

Entweder die Gnocchi so mit Soße servieren oder in einer Pfanne in Butter nochmals anbraten.

SPINAT-GNOCCHI

für 2–3 Portionen

ZUTATEN

300 g Tiefkühl-Spinat
50 g Butter
250 g Ricotta (nicht zu krümelig oder trocken)
60 g Eigelb
150 g Parmesankäse am Stück
150 g Schär Farine
Salz, weißer Pfeffer, Muskatnuss
3–4 frische Salbeiblätter

TIPP: Wenn ohne Ei gewünscht, 50 g Schär Farine mehr nehmen und Eigelbe weglassen.

HERSTELLUNG

Den Spinat auftauen lassen, hacken und in einem Tuch gut ausdrücken.

Die Salbeiblätter trocken abreiben.

In einem Topf ein wenig von der Butter zerlassen und den Spinat darin andünsten, anschließend abkühlen lassen.

Den Ricotta in eine Schüssel geben und mit den Eigelben verrühren, salzen und pfeffern. Etwas Muskatnuss und den Parmesankäse dazu reiben, dann das Mehl und zuletzt den Spinat untermischen.

Dann die Masse 30 min quellen lassen und kontrollieren, ob sie fest genug ist, sonst zerfallen die Gnocchi beim Garen. Evtl. noch esslöffelweise mehr Mehl zugeben.

Wenn die Masse stabil genug ist, diese auf eine leicht bemehlte Arbeitsfläche geben und zu Stangen mit einer Dicke von ca. 1 bis 2 cm rollen, Stücke in gewünschter Größe abschneiden und von Hand zu Gnocchi formen. Mit der Spitze einer Gabel das Muster eindrücken oder ein Gnocchi Brett dafür verwenden.

Reichlich Salzwasser zum Kochen bringen. Die Gnocchi portionsweise einlegen und garen, bis sie an die Oberfläche kommen. Dann mit einem Schaumlöffel aus dem Wasser heben und abtropfen lassen. Den Vorgang wiederholen, bis alle Gnocchi gekocht sind.

Die übrige Butter mit den Salbeiblättern aufschäumen und über den angerichteten Gnocchi verteilen.

ROTE LINSEN-GNOCCHI

für 2–3 Portionen

ZUTATEN

200 g rote Linsen, ungekocht
75 g Zwiebel
100 g Tomatenmark
120 g Schär Farine
1,5 Knoblauchzehen
8 g Salz
4 g Pfeffer
3 Spritzer Tabasco oder Worcestersoße

HERSTELLUNG

Die roten Linsen nach Packungsanleitung weich garen, abgießen und abkühlen lassen. Währenddessen die Zwiebel und den Knoblauch fein hacken.

Dann die roten Linsen mit Tomatenmark, Zwiebeln und Knoblauch in einem Mixer oder mit dem Zauberstab pürieren. Zum Schluss die Gewürze und das Mehl dazu geben und gut verrühren.

Die Masse sollte eine stabile Struktur bekommen, aber noch leicht klebrig sein. Wenn sie noch zu feucht ist, kann noch etwas Mehl mit einem Esslöffel hinzugefügt werden, aber bitte beachten, dass sie zudem nachquillt.

Dann die Masse 30 min quellen lassen und kontrollieren, ob sie fest genug ist, da die Gnocchi sonst beim Garen zerfallen. Evtl. noch esslöffelweise Mehl zugeben.

Wenn die Masse stabil genug ist, diese auf eine leicht bemehlte Arbeitsfläche geben und zu Stangen mit einer Dicke von ca. 1 bis 2 cm rollen, Stücke in gewünschter Größe abschneiden und von Hand zu Gnocchi formen. Mit der Spitze einer Gabel das Muster eindrücken oder ein Gnocchi Brett dafür verwenden.

Reichlich Salzwasser zum Kochen bringen. Die Gnocchi portionsweise einlegen und garen, bis sie an die Oberfläche kommen. Dann mit einem Schaumlöffel aus dem Wasser heben und abtropfen lassen. Den Vorgang wiederholen, bis alle Gnocchi gekocht sind.

SPÄTZLE/KNÖPFLE

für 2–3 Portionen

ZUTATEN

300 g Schär Farine
150 g Ei
150–200 g stark sprudelndes Mineralwasser
4 g Salz
Etwas Muskat nach Wunsch

HINWEIS
DIE WASSERMENGE HÄNGT DAVON AB, OB MAN SPÄTZLE ODER KNÖPFLE MÖCHTE. JE FESTER DER TEIG IST, DESTO DICKER WIRD ER BEIM KOCHEN. WENN MAN FADENARTIG DÜNNE SPÄTZLE WILL, DEN TEIG LIEBER WEICHER HALTEN.

HERSTELLUNG

Alle Zutaten zunächst mit 150 g Wasser zu einem glatten, zäh fließenden Teig rühren und 30 min quellen lassen.

Nach der Quellzeit kann der Teig, je nach Wunsch, mit etwas mehr Wasser weicher gemacht werden. Bitte daran denken, ggf. mehr Salz und Gewürze zu verwenden.

Während der Quellzeit einen großen Topf mit Salzwasser zum Kochen bringen und den Teig dann portionsweise durch eine Spätzlepresse oder mithilfe eines Spätzle-Bretts in das kochende Wasser geben.

Bitte darauf achten, dass sich kein großer Teigklumpen bildet.

Außerdem nicht zu viele Spätzle/Knöpfle auf einmal in das kochende Wasser geben, sonst fällt die Temperatur zu stark ab und die Spätzle/Knöpfle werden dann nicht gar und kochen zu lange.

Sobald die Spätzle/Knöpfle an der Oberfläche schwimmen, mit einer Siebkelle aus dem Wasser nehmen, kurz kalt abspülen und abtropfen lassen.

TIPP: Die Spätzle/Knöpfle können durch die Zugabe von z. B. Tomatenmark, Spinat, Karottensaft anstelle von Wasser, Bärlauch, Petersilie oder ähnlichem variiert werden.

Werden dafür flüssige Zutaten eingesetzt, bitte die entsprechende Menge Wasser reduzieren. Werden Pasten zugefügt, dann nur wenig Wasser abziehen; bei trockenen Zugaben kann es sein, dass sogar Wasser zugegeben werden muss.

Vorspeisen

ZITRONENNUDELN MIT FORELLENKAVIAR

Ergibt sechs Portionen Vorspeise, Zubereitungszeit: ca. 60 min

ZUTATEN

1 Bio-Zitrone, die Schale als Zesten und die halbe Menge Saft
12 g Rohrohrzucker
20 g Olivenöl
140 g Weißwein
250 g Crème fraîche
4 g Meersalz
60 g Forellenkaviar
50 g geriebener Parmesan
500 g Nudeln nach Wunsch

→ *Grundrezept Nudelteig von Seite 21–23 oder 30, wobei die 500 g das Gewicht der Nudeln vor dem Kochen ist.*

Salz und grob gemahlener bunter Pfeffer

HERSTELLUNG

Die Nudeln nach dem Grundrezept herstellen.

Die Hälfte der Zitronenzesten mit dem Olivenöl, dem Weißwein, dem Zitronensaft und dem Rohrohrzucker in einem nicht zu kleinen Topf zum Kochen bringen. Der Topf sollte so groß sein, dass die Nudeln reinpassen und man immer noch gut umrühren kann.

Die Flüssigkeit ca. 12 min kochen lassen und dann die Crème fraîche einrühren und die Soße so lange einkochen lassen, bis sie eine sämige Konsistenz hat.

Die Nudeln in gut gesalzenem Wasser gar kochen und abschütten. Dann direkt in die Soße geben und homogen vermengen.

Jetzt das Gericht mit dem bunten Pfeffer und Salz abschmecken. In kleinen Schalen anrichten und mit dem Forellenkaviar garnieren. Dann mit Parmesan und den restlichen Zesten bestreuen.

NIDI DI PASTA

Ergibt 8 Portionen Vorspeise, Zubereitungszeit ca. 60 min, Backzeit: 25–30 min

ZUTATEN

125 g Nudelteig, daraus Spaghetti machen oder dünne Tagliatelle

→ *Grundrezept Nudelteig von Seite 21/22/30*

8 Scheiben Parmaschinken oder roher Schinken nach Wahl
1 Stk. Knoblauchzehe, mittelgroß
10 g Basilikum, getrocknet

HERSTELLUNG

Die Spaghetti in gut gesalzenem Wasser nach der Anleitung im Grundrezept fertig kochen und absieben.

Die Erbsen in einem Sieb auftauen lassen. Am besten in einer Schüssel über Nacht im Kühlschrank auftauen lassen und dann absieben. Das ist die schonendste Methode.

Den Backofen auf 180 °C Umluft oder 190 °C Ober-/Unterhitze vorheizen.

Nun den rohen Schinken/Parmaschinken quer halbieren und 8 Mulden eines beschichteten Muffinblechs damit auslegen. 1 Scheibe Schinken pro Mulde.

Die Frühlingszwiebeln säubern und in feine Ringe schneiden. Den Knoblauch pressen und mit dem Frischkäse, Knoblauch, Basilikum, Milch, Ei homogen in einer größeren Schüssel vermischen.

Nun salzen und pfeffern und die Spaghetti, Frühlingszwiebeln und Erbsen dazu geben. Jetzt alles vorsichtig homogen vermischen.

Diese Mischung auf die 8 vorbereiteten Muffinmulden verteilen und für 25 bis 30 min backen.

MOZZARELLA-NUDEL-PUFFER

Ergibt 6–7 Puffer, Zubereitungszeit: ca. 30 min mit Nudeln vom Vortag oder 50 min, wenn die Nudeln frisch gemacht werden

Ideal, um die Nudeln vom Vortag zu verarbeiten.

ZUTATEN PUFFER

150 g Spaghetti, gekocht, kalt

→ *Grundrezept Nudelteig von Seite 21/22/30*

15 g Milch
50 g Ei
60 g Käse, gerieben (Mozzarella, Gouda oder jede andere Sorte, die gut schmilzt)
Öl zum Braten

ZUTATEN BELAG

2 Stk. Strauchtomaten
6–7 Stk. Basilikumblätter
6–7 Mozzarellakugeln
Holzzahnstocher

HERSTELLUNG

Ei mit Milch homogen vermischen. Dann mit Salz und Pfeffer nach Wunsch etwas stärker abschmecken. Vorsicht bei Salz, da Käse meist Salz enthält. Nun den geriebenen Käse dazu geben und gut verrühren.

Jetzt die kalten Nudeln dazu geben und homogen vermengen.

Öl in einer Pfanne nicht zu heiß werden lassen. Dann mit einer Gabel die Spaghetti-Masse aufdrehen. Von der Menge her sollten insgesamt 6–7 Portionen erzielt werden.

Unter Drehen in die Portion in die Pfanne geben und dann etwas andrücken, sodass ein Puffer entsteht. Dann den nächsten Puffer daneben setzen und das so lange wiederholen, bis die Pfanne so gefüllt ist, dass jeder Puffer genug Platz zum Braten hat.

Jede Seite gold-gelb braten. Darauf achten, dass die Nudeln nicht hart werden. Währenddessen die Spieße vorbereiten.

Dazu die Tomaten in 6–7 Scheiben schneiden. Achtung, nicht zu dünn. Die Mozzarellakugeln abtropfen lassen und die Basilikumblätter waschen und trocken tupfen.

Die Mozzarellakugeln aufspießen und ein Basilikumblatt anschließend aufspießen und zum Mozzarella schieben.

Bei den fertigen Puffern die Tomatenscheiben auflegen und dann mit dem vorbereiteten Spieß jeweils die Tomatenscheibe und den Puffer aufspießen.

NUDELNESTER-NESTER

JA, DIE HEISSEN WIRKLICH SO. :-)

Ergibt 12 Spaghetti-Nester, Herstellung: 50 min (inkl. Teigherstellung), Backen: 20–25 min

ZUTATEN

200 g Nudelteig, daraus Spaghetti oder dünne Tagliatelle machen.

→ *Grundrezept Nudelteig von Seite 21/22/30*

220 g Zucchini
220 g Hähnchenfilet
200 g Sahne
100 g Ei
60 g geriebener Käse, nach Wunsch
Salz und Pfeffer nach Wunsch
Öl zum Anbraten

HERSTELLUNG

Die 200 g Spaghetti wie im Grundrezept angeben zubereiten und kochen. Dabei darauf achten, dass sie etwas bissfester sind, als sie sein sollten, da sie im Ofen später noch fertig garen können.

Das Hähnchenfleisch in Würfel schneiden und die Zucchini waschen und auch würfeln.

Das Fleisch und die Zucchini in einer Pfanne mit etwas Öl anbraten und mit Salz und Pfeffer würzen.

Ofen auf 180 °C Umluft oder 190 °C Ober-/Unterhitze vorheizen.

Eine Muffinform entweder mit meinem Trennmittel (auf meiner Homepage zu finden) dünn ausstreichen, oder jede Form mit Backpapierstücken auslegen.

Die Spaghetti in 12 Portionen teilen und aufgedreht mit einer Gabel in die Muffin-Mulden geben.

Fleisch und Zucchini auf die Nudeln geben. Sahne mit dem Ei gut vermischen und über die Nudeln geben. Dann das Ganze mit dem Käse bestreuen. In den vorgeheizten Ofen geben und auf mittlerer Schiene für 20–25 min backen. Je nach gewünschter Farbe.

Backpapier ggf. vor dem Servieren entfernen.

NUDEL-TACOS

für 16 Personen, Herstellzeit der Nudel-Tacos: 40 min und 1 Tag trocknen, Füllung, Kochen, Abtropfen und Auskühlen ca. 1 h

ZUTATEN

400 g Nudelteig

→ *Grundrezept Nudelteig von Seite 21, 22 oder 30*

210 g Frischkäse
20 g Tomatenmark
140 g gekochter Schinken in Würfel
2 Stk. Knoblauchzehen
30 g Tomate, getrocknet, in Öl
16 g italienische Kräuter, frisch oder TK, fein gehackt

AUF DER NACHFOLGENDEN DOPPELSEITE ZEIGE ICH EUCH, WIE IHR DIE NUDEL-TACOS FORMT!

HERSTELLUNG

Den Teig 2 bis 3 mm dick ausrollen und Vierecke in der Größe 20 x 20 cm schneiden.

Anschließend den Teig mit einer Schnittfläche auf das Streifenbrett ansetzen und mit dem Rollholz auf dem Riefenbrett rollen.

Dann mit einem Ring-Ausstecher (10–12 cm Durchmesser) die Tacos ausstechen.

Einen Kreis mit den Riefen nach unten so in die Hände nehmen, dass die Zeigefinger beider Hände in der Mitte des Kreises sind. Die Seiten mit den anderen Fingern nach oben drücken.

Dann die Enden, wo die Zeigefinger waren, fest aneinanderdrücken, sodass sie halten. Aber nicht so feste, dass sie flach gedrückt sind.

Nun die Grundform an den Seiten halten und etwas in die Mitte biegen und auf dem Kopf gedreht auf ein Blech oder Brett legen.

Diesen Vorgang für alle Nudel-Tacos wiederholen und diese dann einen Tag trocknen lassen.

Am nächsten Tag für die Füllung die Tomaten in Öl abtropfen lassen und fein hacken. Den Knoblauch schälen. Den Frischkäse in eine Schüssel geben und den Knoblauch dazu pressen. Nun die Schinkenwürfel, die fein gehackten Tomaten, das Tomatenmark und die Kräuter dazu geben und alles homogen vermischen. Bei Bedarf kalt stellen.

Die Nudel-Tacos in kochendem, sehr gut gesalzenem Wasser dann ca. 8 min, SEHR al dente kochen, damit sie stabil bleiben. Anschließend abgießen und sehr gut mit kaltem Wasser abspülen. Die Nudel-Tacos dann nebeneinander abtropfen lassen auf einem Blech oder Tablet.

Jeweils in drei Nudel-Tacos die Füllung geben, auf einen Vorspeisenteller aufsetzen und etwas dekorieren.

1
2
3
4

OLLIS SPAGHETTI-MUFFINS CARBONARA-ART

Rezept für 12 Muffins, Herstellzeit: 40 min, Backzeit: 20–25 min

ZUTATEN

400 g Spaghetti

→ *Grundrezept Nudelteig von Seite 21/22/30*

250 g Rohschinken oder Speck
5 Eigelbe
2 Zwiebeln, mittelgroß
150 g Parmesan, fein gerieben
200 g Sahne
100 g Milch
Salz, Pfeffer, Muskat nach Wunsch

HERSTELLUNG

Spaghetti bis ca. 2 min vor Ende der normalen Kochzeit kochen und abseihen. 150 g Nudelwasser zur weiteren Verwendung aufheben.

Zwiebeln fein würfeln, Rohschinken oder Speck in nicht zu dünne und kurze Streifen schneiden.

Die Schinken- oder Speckstreifen in einer Pfanne mit Olivenöl nicht zu braun anbraten. Kurz bevor sie fertig sind, die Zwiebeln dazugeben und diese glasig werden lassen.

Pfanne vom Herd nehmen und stehen lassen.

Nun Sahne, Milch, Eigelbe, Parmesan und Nudelwasser miteinander verrühren und mit Salz, Pfeffer und ein wenig Muskat (wenn man möchte) würzen.

Dann die Schinken-Zwiebel-Mischung unterrühren und ggf. nochmals nachwürzen.

Den Ofen auf 170 °C Umluft (180 °C Ober-/Unterhitze) vorheizen.

Die Muffinformen dünn fetten, die Spaghetti mit Gabel und Löffel aufdrehen und mit je 3 Esslöffel der Soße in die Förmchen geben.

Zuletzt den Rest der Schinken-Zwiebel-Mischung auf die Formen verteilen.

Die Muffins auf dem Gitterrost auf der mittleren Schiene 20–25 min backen, kurz in der Form auskühlen lassen und noch warm servieren.

Vor Ende der Backzeit kontrollieren, ob sie genug gebacken sind. Dazu mit einem Holzspieß in der Mitte einstechen. Der Holzspieß sollte schmierig sein! Ist er nur nass, dann sind sie noch nicht fertig.

Hauptgerichte

NUDELN MIT BOLOGNESESOSSE

Für 4 Portionen, Zubereitungszeit: 120 min

ZUTATEN

1 mittlere Dose Tomaten, gehackt
100 g Strauchtomaten, fein gewürfelt
100 g Zucchini oder Aubergine, fein gewürfelt
100 g Möhre, fein gerieben
10 g Tomatenmark
300 g Hackfleisch, halb und halb (auch vegetarisches Hack geht)
50 g Zwiebel, fein gewürfelt
1 Stk. Knoblauchzehe
8 g Oregano
4 g Basilikum
4 g Thymian
5 g Salz
Pfeffer nach Wunsch
Etwas Olivenöl
400 g Nudeln nach Wunsch

→ *Grundrezept Nudelteig von Seite 21–23 oder 30*

TIPP: Je länger die Bolognese leicht vor sich hin köchelt, desto aromatischer und besser wird sie. Ich selbst lasse sie auf Stufe 1 über Nacht vor sich hin köcheln. Sie brennt nicht an und ist dann fast wie ein Sugo.

HERSTELLUNG

400 g Nudelteig manuell herstellen und kalt legen oder 800 g Nudelteig vorwiegen für eine elektrische Nudelmaschine.

Etwas Olivenöl in einen großen Topf geben und erhitzen, die Zwiebeln glasig dünsten, Knoblauch hacken oder pressen und dazu geben und kurz mit braten.

Jetzt das Hackfleisch dazu geben und so lange alles braten, bis es krümelig ist.

Anschließend das Tomatenmark dazu geben und anrösten für ca. 2 min.

Jetzt die Tomaten, Zucchini oder Aubergine und die Möhren dazu geben und für 10 min mit braten. Jetzt die Dosentomaten dazu geben und mit Salz, Pfeffer und den Gewürzen abschmecken.

Dann auf kleiner Stufe (Stufe 2 oder 3, je nach Ofen) noch mindestens 1 Stunde köcheln lassen und nochmals bei Bedarf abschmecken. Dabei keinen Deckel auf den Topf legen.

Während dem Köcheln die Nudeln herstellen und erst kurz vor Ende der Kochzeit der Bolognese die Nudeln in gut gesalzenem kochenden Wasser gar kochen.

Die Nudeln abschütten und mit warmem Wasser gut abspülen und abtropfen lassen. Dabei immer wieder etwas schütteln. Sie dürfen nicht trocken werden, da sie sonst kleben.

Spaghetti auf den Teller geben und mit der Bolognese nach Wunsch abdecken.

Alternativ beides separat auf den Tisch stellen oder in einer großen Schüssel alles schon mischen. Mit Parmesan bestreuen, wenn gewünscht.

PASTA CARBONARA

Für 4 Portionen, Zubereitungszeit: 50 min

ZUTATEN

450 g Nudeln, nach Wunsch, ungekocht

→ *Grundrezept Nudelteig von Seite 21–23 oder 30*

120 g Pecorino oder Parmigiano
210 g Guanciale oder Pancetta (alternativ Tiroler Bauchspeck)
80 g Eigelb
100 g Ei
Schwarzer Pfeffer

HERSTELLUNG

Die Nudeln in gut gesalzenem Wasser gar kochen.

Währenddessen den Speck in kleine Würfel schneiden und in einer Pfanne knusprig braten.

Die Eier mit dem Eigelb mischen und homogen verrühren. Dann die Hälfte des geriebenen Parmesans dazu geben, mit Pfeffer abschmecken und vermischen.

2 Schöpfkellen des Nudelwassers entnehmen und die Spaghetti abschütten, wenn sie gar sind. Die Spaghetti zu dem Speck in die Pfanne geben und bei kleiner Hitze etwas verrühren. Dann die Hälfte des Nudelwassers dazu geben und jetzt die Ei-Mischung dazu geben. Das ganze schwenken oder verrühren, bis es cremig ist, das Ei darf dabei aber nicht stocken. Wenn es zu trocken wird, einfach weiter nach Wunsch den Rest des Nudelwassers dazu geben.

Dann können die Nudeln angerichtet, mit Pfeffer garniert und dem restlichen Parmesan bestreut werden.

PASTA ALLA SALTIMBOCCA

Ergibt 4 Portionen, Zubereitungszeit ca. 40–50 Min.

ZUTATEN

400 g Nudeln nach Wunsch, ungekocht

→ *Grundrezept Nudelteig von Seite 21–23 oder 30*

4 Kalbsschnitzel, ca. 250 g pro Schnitzel
8 Scheiben Parmaschinken
20 g Butter
20 Stck. Salbeiblätter, frisch
10 g Zitronensaft
20 g Weißwein, trocken
Salz, Pfeffer zum Abschmecken nach Wunsch
Schär Farine für das Fleisch
Olivenöl zum Anbraten

HERSTELLUNG

Nudeln nach Grundrezept herstellen. Einen Topf mit gut gesalzenem Wasser aufstellen und zum Kochen bringen und die Nudeln al dente kochen und gut mit Wasser abbrausen, damit sie nicht aneinanderkleben. Dann abtropfen lassen. 1 Kelle des Nudelwassers aufheben.

Die Kalbsschnitzel schnetzeln und mit etwas Farine bestäuben, sodass ein dünner Film des Mehls auf den Fleischstücken haftet. Das sorgt dafür, dass beim Anbraten der Saft des Fleisches gebunden wird und das Fleisch bleibt dadurch saftiger.

Den Schinken in grobe Stücke reißen und den Salbei trocken säubern und in feine Streifen schneiden.

Etwas Olivenöl in einer Pfanne erhitzen, das Fleisch rund herum anbraten, den Schinken zugeben und kurz mitbraten. Das Fleisch nicht zu lange anbraten, da es sonst trocken wird.

Jetzt die Butter in die Pfanne geben und den geschnittenen Salbei hinzugeben und anbraten. Anschließend salzen und mit dem Weißwein ablöschen. Kurz köcheln lassen und Nudelwasser hinzugeben. Mit dem Zitronensaft und Pfeffer abschmecken.

Die abgetropften Nudeln dazu geben und gut verrühren. Etwa 5 min mitköcheln lassen, damit die Nudeln etwas vom Sud binden können. Sofort servieren.

ANTIPASTI-SPAGHETTI MIT MINI-FRIKADELLEN

Ergibt 4 Portionen, Zubereitungszeit ca. 40–50min

ZUTATEN

400 g Spaghetti, ungekocht

→ *Grundrezept Nudelteig von Seite 21/22 oder 30*

500 g Hackfleisch/Faschiertes, gemischt
120 g Parmesan
5 g Oregano
4 Scheiben glutenfreies softes Toastbrot
100 g Milch
2 Zweige frischen Rosmarin oder 6 g getrockneter Rosmarin
100 g Ei
2 Zweige Rosmarin
3 mittlere Knoblauchzehen
110 g Olivenöl
2 mittlere Zucchini
2 mittlere Auberginen
24 Stk. Cherry- oder Datteltomaten
Salz und Pfeffer nach Wunsch

HERSTELLUNG

Den Ofen auf 210 °C Umluft oder 220 °C Ober-/Unterhitze vorheizen. Den Nudelteig herstellen und die Spaghetti produzieren. Das Toastbrot dünn entrinden. Die Eier mit der Milch homogen vermischen und die Toastscheiben darin einweichen.

Die Nadeln der Rosmarinzweige abstreifen, hacken und in eine Schüssel geben. Den Knoblauch schälen und zu den Rosmarinnadeln pressen. Das Ganze mit 50 g Olivenöl bedecken und vermischen.

Aubergine und Zucchini waschen, abtrocknen und in ca. 1,5 cm große Würfel schneiden, unter das Knoblauch-Rosmarin-Öl mischen und mit Salz und Pfeffer nach Wunsch abschmecken. Alles auf ein Backblech mit Backpapier geben. Die Tomaten waschen, putzen, halbieren und mit der Schnittfläche nach unten auf das Backblech geben. Im heißen Ofen auf mittlerer Schiene für 10 min backen.

In dieser Zeit einen großen Topf mit sehr gut gesalzenem Wasser aufstellen und zum Kochen bringen.

Nun das Hackfleisch mit der Eier-Milch-Toast-Mischung in eine Schüssel geben und mit Salz, Pfeffer, Oregano kräftig abschmecken und homogen mischen. Aus der Masse walnussgroße Kugeln formen und in einer Pfanne mit 20–30 g Olivenöl rundherum hellbraun anbraten. Die Kugeln dann zu dem Gemüse auf das Backblech geben und weitere 10 min im Ofen garen.

Nun die Spaghetti al dente kochen, absieben und dabei 100 g Nudelwasser auffangen.

Das Backblech aus dem Ofen nehmen und das Gemüse und die Hackbällchen in eine große Schüssel (zum Servieren) geben. Anschließend die nassen Nudeln sowie 50 g Parmesan dazu geben und homogen mischen. Bei Bedarf noch etwas von dem Nudelwasser zugeben.

Das Ganze mit dem restlichen Parmesan bestreuen und servieren.

PASTA AL POMODORO

Ergibt 4 Portionen, Zubereitungszeit 60 min

ZUTATEN

400 g Nudeln nach Wunsch

→ *Grundrezept Nudelteig von Seite 21–23 oder 30*

1200 g Strauch-Kirschtomaten, schön reif
10 g Weißweinessig
40 g Olivenöl
15 g Honig, flüssig
3 Stk. Knoblauchzehen
10 g Rosmarin, getrocknet
10 g Thymian, getrocknet
8 g Oregano, getrocknet
200 g Crème fraîche
Grobes Meersalz (intensiver als normales Salz, alternativ normales Salz)
Pfeffer nach Wunsch
Chiliflocken, wenn gewünscht
Frisches Basilikum für die Deko

HERSTELLUNG

Den Backofen auf 200 °C Umluft oder 210 °C Ober-/Unterhitze vorheizen.

Die Tomaten waschen, halbieren und in eine ausreichend große Auflaufform geben.

Dann die Kräuter, Olivenöl, Honig und Essig zugeben, den Knoblauch grob schneiden und auch dazu geben. Alles gut miteinander vermischen und dann auf mittlerer Schiene für 30–35 min backen lassen.

10 min vor Ende der Backzeit, die nach einem der Grundrezepte zubereiteten Nudeln in einem gut gesalzenen Wasser in einem großen Topf zum Kochen bringen. Die Nudeln dann nach Grundrezept garen.

Die Tomaten nach Ende der Backzeit aus dem Ofen nehmen und alles in ein hohes Gefäß geben. Wenn die Tomaten etwas gebräunt sind, macht das nichts. Es bringt mehr Aroma in die Soße.

Alles mit einem Mixstab pürieren und anschließend nochmals mit Salz und Pfeffer abschmecken. Sollte es gewünscht sein, kann man mit Chiliflocken noch Schärfe hinzufügen.

Die Nudeln nach dem Absieben zurück in den Kochtopf geben, Tomatensoße hinzufügen und homogen vermischen. Auf 4 Tellern anrichten, mit Crème fraîche und Basilikumblättern dekorieren.

PASTA AGLIO, OLIO E PEPERONCINO

Ergibt 4 Portionen, Zubereitungszeit 40 min

ZUTATEN

500 g Spaghetti

→ *Grundrezept Nudelteig von Seite 21/22 oder 30*

50 g Olivenöl
3 Stk. Knoblauchzehe
1 Chilischote
Parmesan nach Wunsch, frisch gerieben
Basilikumblätter, frisch (wenn gewünscht)
Salz und Pfeffer nach Wunsch

HERSTELLUNG

Knoblauch schälen und in feine Scheiben schneiden und die Chilischote waschen, halbieren und Kerne sowie die Haut innen entfernen, dann fein würfeln.

Die Nudeln nach Grundrezept herstellen, kochen, bis sie gar sind. Etwa 2 Kellen Nudelwasser aufheben.

In einer Pfanne das Olivenöl heiß machen und die Knoblauchscheiben und die Chiliwürfel leicht andünsten, aber ohne, dass sie braun werden.

Nun die heißen, nassen Nudeln in die Pfanne geben und alles homogen mischen. Anschließen etwas, aber nicht zu viel, Nudelwasser noch dazu geben, dass das Ganze eine etwas weichere Konsistenz bekommt. Jetzt mit Salz und Pfeffer noch abschmecken.

Auf 4 Tellern anrichten und mit dem Parmesan bestreuen und den Basilikumblättern garnieren.

PASTA AL TONNO

Ergibt 4 Portionen, Zubereitungszeit ca. 30 min

ZUTATEN

400 g Pasta nach Wunsch

→ *Grundrezept Nudelteig von Seite 21–23 oder 30*

400 g Tomaten, geschält aus der Dose
250 g Thunfisch in Öl, abgetropft
1 mittlere rote Zwiebel
1 mittlere Knoblauchzehe
Olivenöl zum Braten
Oregano, Basilikum nach Wunsch, frisch und gehackt
Salz und Pfeffer nach Wunsch
Petersilie, frisch, gehackt nach Wunsch für Deko

HERSTELLUNG

Pasta nach dem Grundrezept herstellen und einen Topf mit gut gesalzenem Wasser aufstellen und zum Kochen bringen.

Den Thunfisch in Öl abtropfen lassen. Zwiebeln fein würfeln und Knoblauch in dünne Scheiben schneiden.

Etwas Olivenöl in einer Pfanne erhitzen. Zwiebelwürfel und Knoblauchscheiben zugeben und bei schwacher Hitze unter rühren anschwitzen.

Den Thunfisch ein wenig zerteilen und in die Pfanne geben. Unter ständigem Rühren ein paar Minuten anbräunen lassen. Währenddessen die geschälten Tomaten, mit einer Gabel zerdrücken und in die Pfanne gießen. Alles homogen vermischen und für 5–8 min köcheln lassen. Oregano und Basilikum hinzugeben nach Wunsch und weiter köcheln.

Die Pasta al dente kochen, abtropfen lassen und direkt in die Pfanne zur Soße geben.

Homogen vermischen und mit Salz und Pfeffer nach Wunsch abschmecken.

Auf Teller anrichten und mit der frischen, gehackten Petersilie garnieren, wenn gewünscht.

FETTUCCINE AVANTI

Ergibt 4 Portionen, Zubereitungszeit ca. 40 min

ZUTATEN

400 g Fettuccine (jede andere Sorte nach Wunsch möglich)

→ *Grundrezept Nudelteig von Seite 21–23 oder 30*

2 Stk. Knoblauchzehe
100 g Parmaschinken (oder anderen nach Wunsch)
20 g Olivenöl
200 g Ei
120 g Parmesan, gerieben
Salz und Pfeffer nach Wunsch

HERSTELLUNG

Knoblauch schälen und fein hacken, den Schinken in grobe Stücke zerreißen. Nun eine große Pfanne erhitzen und das Olivenöl dazu geben. Dann den Schinken im Öl knusprig ausbraten. Den Knoblauch kurz vor Ende dazu geben und ca. 1 min mitbraten. Er sollte nicht braun werden. Nun die Schinken-Knoblauch-Mischung mit einer Gabel oder Zange rausnehmen und auf ein Küchenkrepp legen. Hitze der Herdplatte auf ein Minimum reduzieren.

Die Fettuccine, nach der Herstellung laut Grundrezept, in gut gesalzenem kochendem Wasser bissfest kochen. Kurz vor Ende der Garzeit, ca. 120 g Nudelwasser zur Seite stellen und die Nudeln absieben.

Die Eier und ca. 80 g vom geriebenen Parmesan gut vermischen. Die Nudeln dann in die leicht warme Pfanne vom Speck geben und das Nudelwasser sowie die Ei-Parmesan-Mischung dazu geben. Nun unter ständigem leichtem Rühren die Nudelmasse so lange erhitzen, bis die Flüssigkeit leicht andickt. Mit Salz und Pfeffer nach Wunsch abschmecken und auf 4 Tellern verteilen. Dann mit den Schinken-Chips und dem restlichen Parmesan garnieren.

NUDELN MIT DIVERSEN PESTOS

Ergibt 4 Portionen, Zubereitungszeit 40 min oder 60 min, wenn die Nudeln noch gemacht werden müssen

ALLGEMEINE TIPPS FÜR DIE PESTO-ZUBEREITUNG

Sobald das Öl mit drin ist, nur noch so kurz es geht mixen. Denn wenn das Öl zu lange gemixt wird, reagiert es mit dem Metall der Mix-Klingen und wird leicht bis stark bitter.

Bei allen Pestos gilt, wenn ihr sie aufheben wollt, geht das. Die Pestos dann abfüllen und vor dem Verschließen mit dem Öl abdecken, mit dem sie gemacht wurden. Denn das verhindert den schnellen Verderb.

ZUTATEN

600 g Nudeln nach Wunsch

→ *Grundrezept Nudelteig von Seite 21–23 oder 30*

Pesto nach Wunsch

BASILIKUM-PESTO

Ergibt 6 Portionen, Zubereitungszeit 15 min

ZUTATEN

50 g Basilikumblätter, frisch
60 g Parmigiano Reggiano, gerieben
40 g Pecorino
20 g Pinienkerne, leicht angeröstet (oder Cashewkerne)
1 Stk. Knoblauchzehe, nicht zu groß
4 g Meersalz, grob
100 g Olivenöl, sehr gute Qualität, lieblich-mild

HERSTELLUNG

Pinienkerne ohne Öl in einer Pfanne anrösten, sie dürfen aber nur sehr hell-braun werden. Auf einen Teller geben und auskühlen lassen.

Die Basilikumblätter, wenn nötig, waschen und in ein hohes Gefäß für den Stabmixer geben. Den Knoblauch schälen und grob schneiden und zum Basilikum geben. Dann das Meersalz dazu geben und mit dem Mixstab so fein es geht vormixen. Es sollte aber nur kurz sein. Die leicht angerösteten Pinienkerne dazu geben. Sie dürfen nicht braun sein. Nochmals mit dem Stabmixer das Ganze weiter zerkleinern. Nach und nach etwas von dem Olivenöl zugeben und wenn das Öl drin ist, nur kurz mixen.

Dann den ganzen Parmesan und das restliche Öl zugeben und einmal durchmixen. Wenn die Konsistenz einem zu fest ist, kann man immer noch Olivenöl nachgeben und von Hand vermischen, ohne Mixer.

Die frisch abgeschütteten Nudeln in den Kochtopf zurückgeben und mit dem Pesto vermischen. Diese Mischung dann auf 4 Tellern verteilen. Etwas Parmesan drüberstreuen, mit Basilikumblättern dekorieren und ein wenig Olivenöl drüberträufeln.

TOMATEN-PESTO

Ergibt 6 Portionen, Zubereitungszeit 15 min

ZUTATEN

100 g Pinienkerne (oder Cashewkerne), leicht angeröstet
50 g Mandeln, gerieben oder gehobelt
250 g Tomaten, getrocknet, in Öl
5 g Thymian, getrocknet
4 g Oregano, getrocknet
120 g Parmesan, gerieben, nach Wunsch
120 g Olivenöl oder das Öl der Tomaten.
Salz und Pfeffer nach Wunsch

HERSTELLUNG

Pinienkerne ohne Öl in einer Pfanne anrösten, sie dürfen aber nur sehr hell-braun werden. Auf einen Teller geben und auskühlen lassen.

Die ausgekühlten Pinienkerne mit den Mandeln und den Kräutern in ein hohes Gefäß geben und mit dem Stabmixer zerkleinern. Je feiner, desto besser.

Die benötigte Menge Tomaten in Öl in kleinere Würfel schneiden und zu der Mischung ins Gefäß geben. Mit dem Stabmixer etwas durchmixen und das Olivenöl dazu geben. Wenn das Öl der Tomaten verwendet wird, wird es noch aromatischer.

So lange Öl dazu geben, bis die gewünschte Konsistenz erreicht ist. Nun gibt man den geriebenen Parmesan dazu und mixt es einmal kurz mit dem Stabmixer durch. Den Stabmixer entfernen und mit Salz und Pfeffer nach Wunsch abschmecken. Sollte die Konsistenz noch nicht wie gewünscht sein, einfach mit Öl weiter die Festigkeit bestimmen.

Die frisch abgeschütteten Nudeln in den Kochtopf zurückgeben und mit dem Pesto vermischen. Diese Mischung dann auf 6 Tellern verteilen. Etwas Parmesan drüberstreuen, mit Basilikumblättern dekorieren und ein wenig Olivenöl drüberträufeln.

PAPRIKA-PESTO

Ergibt 6 Portionen, Zubereitungszeit 40 min

ZUTATEN

4 Stk. Paprikaschote, groß
½ Stk. Knoblauchzehe
60 g Mandeln, gehobelt
120 g Raps- oder Sonnenblumenöl
4 g Paprikapulver, edelsüß
Paprikapulver rosenscharf, nach Wunsch
Salz und Cayennepfeffer, nach Wunsch

HERSTELLUNG

Die Paprikaschoten waschen, halbieren und die Kerne und Häute entfernen. Anschließen in grobe Stücke schneiden und auf einem Backblech mit Backpapier gleichmäßig verteilen. Darauf achten, dass die Hautseite unten ist. Anschließend etwas mit Salz würzen.

Diese im Ofen bei 150 °C Umluft oder 160 °C Ober-/Unterhitze für ca. 25–30 min garen. Die Paprikastücke sollten sehr weich sein.

In der Zwischenzeit die gehobelten Mandeln gold-braun rösten und in ein hohes Gefäß für den Stabmixer geben. Die Paprikastücke, das Paprikapulver edelsüß, den geschälten und grob geschnittenen Knoblauch und das Öl zugeben. Dann mit dem Stabmixer ordentlich fein pürieren.

Sollte das Pesto euch zu fest sein, könnt ihr nach Wunsch Öl dazu geben. Dann mit dem Paprikapulver rosenscharf, Salz und Pfeffer abschmecken.

Die frisch abgeschütteten Nudeln in den Kochtopf zurückgeben und mit dem Pesto vermischen. Diese Mischung dann auf 6 Tellern verteilen. Etwas Parmesan drüberstreuen, mit Basilikumblättern dekorieren und ein wenig Olivenöl drüberträufeln.

RUCOLA-PESTO

Ergibt 6 Portionen, Zubereitungszeit 15 min

ZUTATEN

120 g Rucola, frisch
80 g Walnüsse, leicht geröstet (alternativ Pinien- oder Cashewkerne)
2 Stk. Knoblauchzehe
60 g Parmesan
120 ml Olivenöl
Salz und Pfeffer nach Wunsch

HERSTELLUNG

Die Walnüsse grob zerkleinern und in einer Pfanne ohne Fett etwas anrösten. Sie dürfen nicht zu dunkel werden.

Den Rucola waschen und trockenschleudern. Etwas grob zerkleinern und in ein hohes Gefäß geben, für den Stabmixer später.

Die Walnüsse noch warm und mit dem geschälten und grob geschnitten Knoblauch zum Rucola geben und mit dem Stabmixer beginnen zu pürieren. Dabei langsam das Olivenöl dazu geben. Wenn die Masse sehr fein und homogen ist, gibt man den Parmesan dazu und rührt ihn von Hand unter. Jetzt kann man die Konsistenz des Pestos nach Wunsch mit weiterem Olivenöl anpassen.

Die frisch abgeschütteten Nudeln in den Kochtopf zurückgeben und mit dem Pesto vermischen. Diese Mischung dann auf 6 Tellern verteilen. Etwas Parmesan drüberstreuen, mit Basilikumblättern dekorieren und ein wenig Olivenöl drüberträufeln.

PESTO AUS CHILI UND KAPERN

Ergibt 6 Portionen, Zubereitungszeit 20 min

ZUTATEN

40 g Kapern aus dem Glas
200 g Olivenöl
2 Stk. Chilischote, rot
40 g Walnusskerne
20 g Ingwer, frisch
50 g Parmesan, gerieben
½ Zitrone, Abrieb der Schale
100 g Petersilie, glatt, frisch
Salz und Pfeffer nach Wunsch

HERSTELLUNG

Die Walnusskerne grob zerkleinern und etwas anrösten. Auf einem Teller auskühlen lassen. Währenddessen die Petersilie waschen und trocken schütteln und die Blätter abzupfen.

Die Chilischoten waschen, halbieren und Kerne entfernen, dann fein würfeln.

Die Blätter der Petersilie und die anderen Zutaten in ein hohes Gefäß geben und kurz mit dem Stabmixer anpürieren. Das Pesto sollte recht grob bleiben.

Die frisch abgeschütteten Nudeln in den Kochtopf zurückgeben und mit dem Pesto vermischen. Diese Mischung dann auf 6 Tellern verteilen. Etwas Parmesan drüberstreuen, mit Basilikumblättern dekorieren und ein wenig Olivenöl drüberträufeln.

THAILÄNDISCHES PESTO

Ergibt 6 Portionen, Zubereitungszeit 10 min

ZUTATEN

150 g Erdnüsse, ungesalzen, geröstet
40 g Sojasoße
50 g Honig
70 g Wasser
3 Stk. Knoblauchzehe
60 g Sesamöl

HERSTELLUNG

Alle Zutaten im Mixer oder mit dem Stabmixer pürieren. Wasser erst nach und nach zugeben, um die Festigkeit nach Wunsch festzulegen.

Die frisch abgeschütteten Nudeln in den Kochtopf zurückgeben und mit dem Pesto vermischen. Diese Mischung dann auf 6 Tellern verteilen. Etwas Parmesan drüberstreuen, mit Basilikumblättern dekorieren und ein wenig Olivenöl drüberträufeln.

WALNUSS-PESTO

Ergibt 6 Portionen, Zubereitungszeit 15 min

ZUTATEN

150 g Walnusskerne
60 g Parmesan
120 g Sonnenblumenöl
50 g Rucola
4 g Rosmarin (wenn gewünscht)
1 Stk. Knoblauchzehe
Salz und Pfeffer nach Wunsch

HERSTELLUNG

Walnüsse in einer Pfanne ohne Fett kurz anrösten. Wenn sich das Aroma entwickelt, reicht es schon. Dann auf einem Teller auskühlen lassen.

Den Rucola waschen und trockenschleudern, anschließen grob hacken.

Nun alles Zutaten bis auf den Rucola sowie Salz und Pfeffer in ein hohes Gefäß für den Stabmixer oder einen Mixer geben und zu einer Paste aufmixen.

Nun den Rucola nach und nach dazu geben, bis das Pesto dem eigenen Geschmack entspricht. Man muss nicht alles aufbrauchen. Anschließen mit Salz und Pfeffer würzen und ggf. mit Öl das Pesto noch in der Konsistenz nach eigenen Wünschen anpassen.

Die frisch abgeschütteten Nudeln in den Kochtopf zurückgeben und mit dem Pesto vermischen. Diese Mischung dann auf 6 Tellern verteilen. Etwas Parmesan drüberstreuen, mit Basilikumblättern dekorieren und ein wenig Olivenöl drüberträufeln.

LASAGNE BOLOGNESE

Ergibt 6 Portionen, Zubereitungszeit ca. 140 min, Backzeit ca. 30 min

ZUTATEN BÉCHAMEL-SOSSE

20 g Butter
30 g Farine / Mehl Farine
ca. 500 g Milch
Salz
Pfeffer
Muskat

ZUTATEN LASAGNE

→ *Bolognese Grundrezept Seite 69*

Béchamel-Soße
250 g geriebene Käse, nach Wunsch
Ca. 400 g Lasagneblätter

→ *Grundrezept Nudelteig von Seite 21 oder 22*

HERSTELLUNG BÉCHAMEL-SOSSE

Die Butter in einem Topf schmelzen, das Mehl einrühren. Kurz anschwitzen, nicht anrösten, sodass eine gelbe, homogene Masse entsteht.

Nun unter ständigem Rühren nach und nach die Milch angießen, bis eine cremige, nicht zu feste Soße entsteht. Die Soße mind. 2 min wallend unter weiterem ständigem Rühren kochen lassen. Durch das Kochen verschwindet der Stärkegeschmack.

Sollte die Bindung zu fest werden, kann jederzeit mit zusätzlicher Milchzugabe die Konsistenz der Soße angepasst werden.

Anschließend mit Salz, Pfeffer und Muskat abschmecken.

HERSTELLUNG LASAGNE

Den Ofen auf 170 °C Umluft oder 180 °C Ober-/Unterhitze vorheizen.

Den Nudelteig dünn ausrollen und zu 15×15 cm Platten schneiden, passend zur Breite der Auflaufform.

Die Auflaufform erst mit einer Schicht Béchamel-Soße bedecken. Dann mit Lasagneblättern abdecken. Auf die Nudelblätter eine Schicht Bolognese-Soße auftragen und mit Béchamel abdecken. Diese Schritte so lange wiederholen, bis die Auflaufform fast voll ist. Als letzte Schicht sollte Béchamel sein und diese Schicht wird dann mit dem geriebenen Käse abgedeckt.

Nun die Lasagne für ca. 30 min backen, je nach gewünschtem Bräunungsgrad des Käses.

LASAGNE MIT SPINAT UND LACHS

Ergibt 8 Portionen, Zubereitungszeit ca. 70 min, Backzeit: 30 min

ZUTATEN

→ *Béchamel von Seite 93*

Ca. 400 g Lasagneblätter

→ *Grundrezept Nudelteig von Seite 21 oder 32*

250 g Mozzarella, in Scheiben geschnitten
600 g Lachsfilet
600 g Blattspinat, frisch oder TK
1 mittlere Zwiebel
1 kleine Knoblauchzehe
15 g Pinienkerne
320 g Ricotta
220 g Sahne
Muskat, Salz und Pfeffer, nach Wunsch
Olivenöl zum Braten
Zitronensaft für den Lachs und die Béchamel

HERSTELLUNG

Die Béchamel mit etwas Zitronensaft abschmecken. Den Nudelteig dünn ausrollen und zu 15×15 cm Platten schneiden, passend zur Breite der Auflaufform.

Die Zwiebel schälen und fein würfeln und den Blattspinat waschen und trockenschleudern. Bei TK-Spinat, diesen in einem Sieb auftauen lassen. Am besten einen Tag vorher im Kühlschrank abgedeckt auftauen lassen und dann absieben. Den Knoblauch schälen.

Den Lachs waschen, grob würfeln und mit etwas Zitronensaft beträufeln und mischen. Durch die Säure „gart" der Lachs vor und wird stabiler.

Nun etwas Olivenöl in einer großen Pfanne erhitzen und die Zwiebelwürfel glasig dünsten. Die Pinienkerne dazu geben und etwas mit anrösten. Dann kommt der Blattspinat dazu und der Knoblauch wird auf den Spinat gepresst. Unter ständigem Rühren den Spinat zusammenfallen lassen.

Wenn der Spinat zusammengefallen ist, werden der Ricotta und die Sahne dazu gegeben. Wenn es leicht köchelt, mit Salz, Pfeffer und Muskat nach Wunsch abschmecken. Die Pfanne vom Herd nehmen und zur Seite stellen.

Den Ofen auf 170 °C Umluft oder 180 °C Ober-/Unterhitze vorheizen.

Die Auflaufform erst mit einer Schicht Béchamel-Soße bedecken. Dann mit Lasagne Blättern abdecken. Wieder Béchamel auf den Lasagneblättern verteilen und mit einem Teil der Spinat-Ricotta-Masse abdecken und Lasagneblätter auflegen. Diese Schritte so lange wiederholen, bis die Form fast voll ist und mit den Mozzarella-Scheiben die Lasagne abschließen.

Nun die Lasagne für ca. 30 min backen, je nach gewünschtem Bräunungsgrad des Mozzarellas.

TAGLIATELLE MIT LACHS UND SPINAT

Ergibt 4 Portionen, Zubereitungszeit: ca. 40–50 min

ZUTATEN

500 g Tagliatelle

→ *Grundrezept Nudelteig von Seite 21–23 oder 30*

280 g Lachs
150 g Blattspinat, frisch
100 g Lauch, frisch
150 g Sahne
120 g Mascarpone
80 g Weißwein, trocken
14 g Zitronensaft
Salz und Pfeffer, nach Wunsch
Olivenöl zum Anbraten
Rucola, frisch, als Topping

HERSTELLUNG

Die Tagliatelle nach dem Grundrezept zubereiten. Einen großen Topf mit gut gesalzenem Wasser aufstellen und zum Kochen bringen.

Den Lachs säubern und mit Küchenkrepp trocken tupfen. Dann in grobe Würfel schneiden, in eine Schale geben und zur Seite stellen. Den Lauch putzen und in nicht zu grobe Ringe schneiden. Blattspinat und Rucola waschen und trockenschütteln.

In einer großen Pfanne etwas Olivenöl erhitzen und den Lachs von beiden Seiten scharf anbraten, herausnehmen und zur Seite stellen. Jetzt in die gleiche Pfanne den Blattspinat geben und diesen kurz bei mittlerer Hitze anschwitzen lassen. Dann die Lauchringe dazu geben und weiter andünsten.

Jetzt die Tagliatelle ins kochende Salzwasser geben und al dente kochen, vor dem Absieben noch 2 Schöpfkellen Nudelwasser entnehmen und zur Seite stellen.

Wenn der Lauch noch schön bissfest ist, das Ganze mit dem Weißwein ablöschen und etwas einreduzieren lassen. Dann Sahne, Mascarpone, Zitronensaft und 1 Schöpfkelle Nudelwasser zugeben. Das Ganze so lang bei kleiner Hitze einkochen lassen, bis die Soße anfängt sämig zu werden.

Die Soße kosten und damit testen, ob sie eine leichte Säure durch den Zitronensaft bekommen hat. Wenn nicht, noch etwas Zitronensaft nachgeben. Dann die Lachswürfel in die Soße geben und vorsichtig umrühren. Mit Salz und Pfeffer abschmecken und die Tagliatelle in die Pfanne geben. Alles vorsichtig homogen vermischen und etwas ziehen lassen. Nach dem Anrichten auf 4 Tellern, diese mit etwas Rucola garnieren.

BESCHWIPSTE PENNE

Ergibt 4 Portionen, Zubereitungszeit ca. 35–50 min

ZUTATEN

500 g Penne

→ *Grundrezept Nudelteig mit einer Nudelmaschine von Seite 30, wenn von Hand gemacht wird, dann Tagliatelle machen, Seite 21/22.*

30 g Wodka
60 g Sahne
1 Stk. Knoblauchzehe
8 g Basilikum, getrocknet
1 Stk. Zwiebel, klein
1 Stk. Peperoni, rot, getrocknet
800 g Strauch-Kirschtomaten
50 g Parmigiano Reggiano
Olivenöl zum Braten
Salz und Pfeffer, nach Wunsch
Petersilie, frisch, gehackt, nach Wunsch
Parmesan zum Bestreuen

HERSTELLUNG

Knoblauch und Zwiebeln schälen und fein würfeln. Kirschtomaten putzen, waschen, halbieren und in einer Schale zur Seite stellen.

In einer großen Pfanne etwas Olivenöl erhitzen. Darin die gehackte Zwiebel und Knoblauch in der Pfanne glasig dünsten. Dies mit dem Wodka ablöschen. Den Wodka komplett verkochen lassen.

Jetzt die Kirschtomaten dazu geben und mit Salz und Pfeffer nach Wunsch vorwürzen. Deckel drauf und ca. 20 bis 25 min köcheln lassen. Dabei regelmäßig umrühren.

In dieser Zeit die Penne nach dem Grundrezept zubereiten. Einen großen Topf mit gut gesalzenem Wasser aufstellen und zum Kochen bringen.

Wenn die Kirschtomaten fertig geköchelt haben, alles in einen hohen Behälter geben und mit einem Stabmixer so lange pürieren, bis eine sämige Soße entstanden ist. Die Soße zurück in die Pfanne geben und die Sahne hinzufügen. Alles homogen vermischen und auf mittlerer Stufe köcheln lassen. Die Soße sollte wieder eine sämige Konsistenz erreichen.

Die Penne nun im kochenden Salzwasser al dente kochen. Jetzt mit einer Siebkelle die Penne direkt aus dem Kochtopf in die Pfanne zur Soße geben. Gut vermischen, den Parmesan zugeben und nochmals alles homogen mischen. Alles auf die Teller verteilen und, wenn man möchte, mit Parmesan und Petersilie garnieren.

PASTA ALLA GRICIA

Ergibt 4 Portionen, Zubereitungszeit: ca. 35–55 min

ZUTATEN

400 g Pasta, nach Wunsch

→ *Grundrezept Nudelteig von Seite 21–23 oder 30*

60 g Pecorino Romano
260 g Bauchspeck, luftgetrocknet, ungeräuchert
Pfeffer und Salz nach Wunsch
Pecorino Romano zum Bestreuen

HERSTELLUNG

Die Pasta nach dem Grundrezept zubereiten. Einen großen Topf mit gut gesalzenem Wasser aufstellen und zum Kochen bringen.

Die Schwarte des Specks entfernen und den Speck dann in dünne Scheiben schneiden. Die Scheiben dann in dünne Streifen schneiden. Wer möchte, kann dies auch dicker schneiden.

Die Speckstreifen nun in einer beschichteten Pfanne auf mittlerer Hitze und ohne Zugabe von Öl bräunen lassen. Dies dauert je nach Herd etwa 5–8 min.

Währenddessen die Pasta ins kochende Salzwasser geben, al dente kochen. Den Speck mit einer Schöpfkelle kochendem Nudelwasser ablöschen. Die Pasta mit einer Siebkelle oder Nudelzange (je nach Sorte) dann aus dem Nudelwasser direkt zum Speck in die Pfanne geben und homogen vermischen. Nun den Pecorino zugeben, homogen mischen und alles etwas ziehen lassen. Sollte es zu trocken werden, kann noch etwas Nudelwasser zugegeben werden. Jetzt nochmals mit Salz und Pfeffer würzen und auf Tellern anrichten.

Wenn gewünscht, noch mit Pecorino Romano bestreuen.

NUDELN NACH HOLZFÄLLERART

Ergibt 4 Portionen, Zubereitungszeit: ca. 50 min

ZUTATEN

400 g Nudeln, nach Wunsch (z. B. Penne, da hält die Soße so gut)

→ *Grundrezept Nudelteig von Seite 21–23 oder 30*

140 g durchwachsener Speck
300 g Pilze nach Wahl (z. B. ⅓ Steinpilze und ⅔ Champions)
400 g Tomaten, gewürfelt, aus der Dose
1 Stk. Zwiebel, mittelgroß
1 Stk. Knoblauchzehe, klein
120 g Sahne
Salz und Pfeffer nach Geschmack
Olivenöl zum Braten

HERSTELLUNG

Pilze trocken putzen und in nicht zu dünne Scheiben schneiden. Die Zwiebel schälen und fein hacken. Den Speck in mittelgroße Würfel schneiden.

Die Pasta nach dem Grundrezept zubereiten. Einen großen Topf mit gut gesalzenem Wasser aufstellen und zum Kochen bringen.

Die Speckwürfel langsam in einer beschichteten Pfanne anbraten, bis der Speck glasig ist und das Fleisch knusprig. Dann den Speck entnehmen und zur Seite stellen.

Die Zwiebeln in der gleichen Pfanne mit einem kleinen Schuss Olivenöl glasig dünsten und dann die Pilze zugeben und 8 min leicht anbraten. Jetzt die gehackten Tomaten zugeben und nochmals 6 min köcheln lassen. Die Sahne und Speck zugeben und homogen vermengen. Jetzt mit Salz und Pfeffer abschmecken und köcheln lassen.

Die Pasta im kochenden Salzwasser al dente kochen. Dann direkt aus dem Topf mit einer Siebkelle in die Pfanne geben und alles homogen vermischen. Den Herd ausstellen und 1–2 min warten. Nochmals kurz vermischen und dann auf die Teller verteilen.

RIGATONI AL FORNO – EIN KLASSIKER

Ergibt 6 Portionen, Zubereitungszeit ca. 140 min, Backzeit: 15–20 min

ZUTATEN

600 g Bolognese

→ *Bolognese-Rezept Seite 69*

500 g Rigatoni

→ *Grundrezept Nudelteig von Seite 21–23 oder 30*

240 g Mozzarella
1 Stk. Zwiebel, mittelgroß
140 g Speck, durchwachsen
360 g Pilze, nach Wunsch
120 g Erbsen, TK
220 g Sahne
Salz und Pfeffer, nach Wunsch
Olivenöl zum Anbraten

HERSTELLUNG

Das Bolognese-Rezept, von Seite 69, auf 600 g Bolognese umrechnen und herstellen. Leicht köchelnd auf dem Herd stehen lassen. Die Erbsen auftauen lassen.

Die Pasta nach dem Grundrezept zubereiten. Einen großen Topf mit gut gesalzenem Wasser aufstellen und zum Kochen bringen und den Ofen auf 190 °C Umluft oder 200 °C Ober-/Unterhitze vorheizen.

Die Zwiebel schälen und fein würfeln, den Speck fein würfeln und alles zusammen in einer beschichteten Pfanne mit einem Schuss Olivenöl anbraten. In dieser Zeit die Pilze trocken putzen und auch fein würfeln. Die Pilze dann auch in die Pfanne geben und so lange mitbraten, bis die ganze freigewordene Flüssigkeit der Pilze fast verdunstet ist.

Jetzt den Inhalt der Pfanne, die Sahne und die aufgetauten Erbsen zur Bolognese geben, homogen vermengen und weiter für 5 bis 8 min köcheln lassen.

In dieser Zeit die Pasta im kochenden Salzwasser al dente kochen und absieben. Gut abtropfen lassen.

Die Auflaufform mit der Soße bedecken und dann die Pasta auf die Soße geben. Mit Soße übergießen und dann vorsichtig durchmischen. Wieder mit der Soße bedecken und sofern es noch geht, mischen. Anschließend mit Soße abdecken, den Mozzarella in Scheiben schneiden und die Soße damit abdecken. Für ca. 15–20 min im Ofen backen lassen, bis der Käse anfängt zu bräunen.

PASTA AL ARRABIATA

Ergibt 4 Portionen, Zubereitungszeit: ca. 40 min

ZUTATEN

500 g Pasta, nach Wunsch

→ *Grundrezept Nudelteig von Seite 21–23 oder 30*

2 Stk. Peperoni, rot, frisch
1 Bund Basilikum (ein paar Blätter für die Deko aufheben)
1 Zweig Oregano
2 Stk. Knoblauch
400 g geschälte Tomaten
Salz, nach Wunsch
Olivenöl zum Braten

HERSTELLUNG

Die geschälten Tomaten in eine Schüssel geben und etwas zerdrücken. Die Peperoni halbieren, entkernen und fein würfeln. Den Knoblauch schälen und auch fein würfeln. Basilikum waschen und trockenschütteln, den Oregano-Zweig abzupfen und beides fein hacken.

Die Pasta nach dem Grundrezept zubereiten. Einen großen Topf mit gut gesalzenem Wasser aufstellen und zum Kochen bringen.

In dieser Zeit die Peperoni und den Knoblauch in einer beschichteten Pfanne mit Olivenöl andünsten und mit den Tomaten ablöschen. Alles homogen mischen und mit Salz und Pfeffer abschmecken. Den Deckel auflegen und für 12 bis 15 min köcheln lassen und ab und an umrühren. Dann erst den Oregano und das Basilikum zugeben.

Die Pasta im kochenden Salzwasser al dente kochen. 2 Schöpflöffel Nudelwasser vor dem Abschütten zur Seite stellen. Die Pasta nur kurz abtropfen lassen und dann zur Soße in die Pfanne geben. Alles homogen mischen. Sollte die Soße je nach Vorliebe zu fest sein, einfach etwas von dem Nudelwasser zugeben, bis die gewünschte Konsistenz erreicht ist.

SCHNELLER LECKERER NUDELAUFLAUF

Ergibt 4 Portionen, Zubereitungszeit ca. 40–50 Min.

ZUTATEN

300 g Nudeln nach Wunsch, ungekocht

→ *Grundrezept Nudelteig von Seite 21–23 oder 30*

250 g Sahne/Obers
200 g Milch
100 g Ei
250 g geriebener Käse nach Wunsch
250 g gekochter Schinken nach Wunsch, nicht zu neutral im Geschmack (entweder den Schinken am Stück oder aufgeschnitten kaufen, das spielt keine Rolle)
Salz, Pfeffer und Muskat nach Wunsch

HERSTELLUNG

Nudeln nach Grundrezept herstellen. Einen Topf mit gut gesalzenem Wasser aufstellen und zum Kochen bringen etwas bissfester kochen als es normal gewünscht ist. Da sie in der Auflaufform nachgaren, hat man so später den optimalen Biss und keine matschigen Nudeln. Nach dem Abschütten der Nudeln, diese gut mit kaltem Wasser abspülen, damit sie nicht aneinanderkleben.

Ofen auf 180 °C Umluft oder 190 °C Ober-/Unterhitze vorheizen.

Den gekochten Schinken fein würfeln und mit den abgetropften, kühlen Nudeln, sowie 100 g des Käses in einer Schüssel gut vermischen. Anschließend in die Auflaufform geben.

Nun in der Schüssel alle Zutaten bis auf den restlichen Käse mit dem Schneebesen gut vermischen. Vorsicht beim Salzen, da Schinken und Käse Salz mitbringen. Mit Pfeffer und Muskat vorsichtig etwas kräftiger würzen.

Diese Mischung über die Nudel-Schinken-Mischung geben und das Ganze mit dem restlichen Käse bestreuen. Das Ganze kann gerne auch mit mehr Käse abgedeckt werden. ;-)

Im vorgeheizten Ofen, auf mittlerer Schiene, ca. 30–45 min backen. Backzeit variiert je nach Ofen und gewünschter Farbe des Käses.

HACK-NUDEL AUFLAUF

Ergibt 4 Portionen, Zubereitungszeit ca. 40–50 Min.

ZUTATEN

400 g Nudeln nach Wunsch, ungekocht

→ *Grundrezept Nudelteig von Seite 21–23 oder 30*

400 g Hackfleisch, gemischt
600 g Tomaten, stückig, aus der Dose
1 mittlere Zwiebel
1 mittlere Knoblauchzehe
20 g Tomatenmark
125 g Crème fraîche
15 g Pflanzenöl
5 g Maisstärke
4 g Oregano, getrocknet
3 g Basilikum, getrocknet
2 g Thymian, getrocknet
100 g geriebener Käse, nach Wunsch
Salz, Pfeffer, nach Wunsch

HERSTELLUNG

Nudeln nach Grundrezept herstellen. Einen Topf mit gut gesalzenem Wasser aufstellen und zum Kochen bringen, etwas bissfester kochen, als es normal gewünscht ist. Da sie in der Auflaufform nachgaren, hat man so später den optimalen Biss und keine matschigen Nudeln. Nach dem Abschütten der Nudeln, diese gut mit kaltem Wasser abspülen, damit sie nicht aneinanderkleben.

Zwiebeln und Knoblauch fein würfeln, während das Hackfleisch mit dem Pflanzenöl in einem Topf angebraten wird. Wenn das Hackfleisch krümelig ist und etwas Farbe bekommen hat, gibt man Zwiebeln, Knoblauch und Tomatenmark dazu und brät es noch etwas weiter. Mit den Tomaten aus der Dose ablöschen, die getrockneten Kräuter zugeben und für 10 min köcheln lassen.

Ofen auf 180 °C Umluft oder 190 °C Ober-/Unterhitze vorheizen.

Nun die Crème fraîche mit der Maisstärke verrühren und unter die Hack-Tomaten-Mischung geben und unter leichtem Rühren etwas binden lassen. Die Nudeln zu der Soße geben und homogen mischen. Anschließend das Ganze in eine Auflaufform geben und mit dem geriebenen Käse überstreuen. Im vorgeheizten Ofen, auf mittlerer Schiene ca. 20–25 min backen. Backzeit variiert je nach Ofen und gewünschter Farbe des Käses.

KÄRNTNER KASNUDELN

VEGGIE-REZEPT AUF MEINER WEBSITE!

Ergibt 6 Portionen, Zubereitungszeit: 50 min

ZUTATEN TEIG

500 g Schär Farine
70 g Wasser
40 g Olivenöl
6 Eier

ZUTATEN FÜLLUNG

500 g Quark/Topfen (die Sorte ist egal)
140 g gf Brötchen, gewürfelt
60 g Butter
190 g Milch
50 g Zwiebel, fein gewürfelt
100 g Kartoffeln, gekocht, kalt und geschält
2 EL Kräuter, nach Wunsch
Salz und Pfeffer

TIPP: Dieser Teig eignet sich auch hervorragend für Ravioli und alles, was an Nudelteigtaschen gefüllt so gemacht werden kann.

HERSTELLUNG TEIG

Aus den Zutaten von Hand oder mit der Küchenmaschine einen homogenen Teig von gleichmäßiger gelber Farbe kneten. Bitte nicht zu lange kneten, da der Teig sonst bröselig wird.

Es ist kein Salz im Rezept, deswegen sollte man ggf. das Kochwasser intensiver salzen.

HERSTELLUNG FÜLLUNG

Die gehackten Zwiebeln in Butter andünsten, bis sie glasig sind, danach abkühlen lassen.

Brötchenwürfel und Speisequark mit Milch begießen, leicht durchrühren, abgekühlte Zwiebeln dazugeben.

Die Kartoffeln fein reiben oder durch eine Kartoffelpresse geben, zusammen mit den Kräutern und Gewürzen zu der Quarkmasse geben und vermischen.

Aus der Kartoffel-Quarkmasse nun etwa 40 g schwere Kugeln formen.

Den Teig möglichst dünn zu einem Rechteck ausrollen (1 bis 1,5 mm).

Die Kugeln in ausreichendem Abstand nebeneinander auf den ausgerollten Teig legen, die Ränder mit Ei bestreichen. Den Teig von oben nach unten zusammenklappen und um die Kugeln leicht anpressen. Mit einem runden Ausstecher halbmondförmige Täschchen ausstechen. Die Ränder fest glatt drücken und nach Wunsch formen (krendeln).

Währenddessen gut gesalzenes Wasser zum Kochen bringen. Die fertigen Kasnudeln ins heiße Wasser geben und ca. 5 min kochen lassen. Bitte ein Probestück testen und ggf. weiter kochen lassen.

Butter bräunen, über die Kasnudeln geben und mit wenig Kräutern bestreuen.

KÄSESPÄTZLE

Ergibt 4 Portionen, Zubereitungszeit: ca. 70 min

ZUTATEN

500 g Schär Farine
250 g Ei
250–330 g stark sprudelndes Mineralwasser
6 g Salz
Etwas Muskat, nach Wunsch
4 große Zwiebeln
60 g Butter
280 g Emmentaler, frisch gerieben
Pfeffer, gemahlen
1 große Auflaufform

Die Wassermenge hängt davon ab, ob man Spätzle oder Knöpfle möchte. Je fester der Teig ist, desto dicker wird er beim Kochen. Wenn man fadenartig dünne Spätzle will, den Teig lieber weicher halten.

HERSTELLUNG

Alle Zutaten zunächst mit 250 g Wasser zu einem glatten, zäh fließenden Teig rühren und 30 min quellen lassen.

In dieser Zeit die Zwiebeln schälen und in feine Ringe schneiden. Den Ofen auf 100 ° C vorheizen (egal ob Umluft oder Ober-/Unterhitze) und die Auflaufform im Ofen warm stellen.

Nach der Quellzeit kann der Teig, je nach Wunsch, mit etwas mehr Wasser weicher gemacht werden. Bitte daran denken, ggf. mehr Salz und Gewürze zu verwenden.

Während der Quellzeit einen großen Topf mit Salzwasser zum Kochen bringen und den Teig dann portionsweise durch eine Spätzlepresse oder mithilfe eines Spätzlebretts in das kochende Wasser geben.

Bitte darauf achten, dass sich kein großer Teigklumpen bildet.

Außerdem nicht zu viele Spätzle/Knöpfle auf einmal in das kochende Wasser geben, sonst fällt die Temperatur zu stark ab und die Spätzle/Knöpfle werden dann nicht gar und kochen zu lange.

Sobald die Spätzle/Knöpfle an der Oberfläche schwimmen, mit einer Siebkelle aus dem Wasser nehmen, sofort in die heiße Auflaufform geben und jede Lage mit Pfeffer nach Wunsch und dem geriebenen Emmentaler bestreuen. Nach jeder Lage wieder die Auflaufform im Ofen warm stellen.

Wenn die Spätzle fertig in der Auflaufform mit Käse geschichtet und abgedeckt sind, diese im Ofen lassen. Jetzt die Zwiebelringe in der Butter gold-braun anbraten und dann über den Käsespätzle verteilen und servieren.

SCHUPFNUDELN MIT SAUERKRAUT UND SCHINKENWÜRFEL

Ergibt 4 Portionen, Zubereitungszeit: ca. 100 min

ZUTATEN

750 g Kartoffeln, mehligkochend
150 g Schär Farine
4 Eigelb
8 g Salz
Pfeffer, Muskat, nach Wunsch
500 g Sauerkraut, verzehrfertig
125 g Schinkenwürfel

HERSTELLUNG

Pellkartoffeln in gut gesalzenem Wasser kochen, schälen und auskühlen lassen.

Dann durch eine Kartoffelpresse drücken oder stampfen und mit den restlichen Zutaten von Hand zu einem geschmeidigen Teig verarbeiten.

Den Teig ca. 30 min ruhen lassen, nochmals abschmecken und die Konsistenz überprüfen. Sollte der Teig zu fest sein, bitte noch etwas Milch unterkneten.

Nun den Teig auf einer bemehlten Arbeitsfläche zu mehreren 3 cm dicken Rollen formen und davon Stücke abschneiden.

Einen Topf mit gesalzenem Wasser zum Kochen bringen und währenddessen die Teigstücke zwischen den Handflächen zu Schupfnudeln rollen.

Die Schupfnudeln portionsweise in siedendem Wasser für 3–5 min kochen lassen (bis sie oben schwimmen), kalt abschrecken und abtropfen lassen.

In einer Pfanne den gewürfelten Schinken leicht auslassen und dann etwas anbraten. Nun eine Butterflocke dazu geben und anschließend die Schupfnudeln dazu geben. Alles hellbraun anbraten und dann das abgetropfte Sauerkraut dazu geben. Alles gut vermischen und mit Salz und Pfeffer nach Wunsch abschmecken. Sobald auch das Sauerkraut heiß ist und etwas mitgebraten hat, auf tiefen Tellern servieren.

ROTE NUDELN MIT KICHERERBSEN UND SPINAT

Ergibt 4 Portionen, Zubereitungszeit ca. 60 min

ZUTATEN

400 g rote Nudeln, nach Wunsch

→ *Grundrezept Nudelteig von Seite 21/22 oder 30, beides zusätzlich in Variante rote Nudeln, Seite 34*

120 g Blattspinat, frisch
2 Stk. Strauchtomaten
2 g Kreuzkümmel
420 g Aubergine
8 g Honig
180 g Gemüsebrühe
50 g Olivenöl
240 g Kichererbsen, aus der Dose, Abtropfgewicht
2 Stk. Zwiebel, mittelgroß
3 Stk. Knoblauchzehe
2 Stängel Minze
2 Stängel glatte Petersilie
Salz und Pfeffer nach Wunsch
100 g Parmesan, gerieben, zur Deko

HERSTELLUNG

Die Pasta nach dem Grundrezept und Variation rote Nudeln zubereiten. Einen großen Topf mit gut gesalzenem Wasser aufstellen und zum Kochen bringen.

Kichererbsen absieben, abspülen und abtropfen lassen. Die Tomaten waschen und würfeln. Zwiebeln und Knoblauch schälen und beides fein würfeln. Spinat putzen, waschen und trockenschütteln. Minze und Petersilie waschen, trockenschleudern und die Blätter abzupfen.

Dann die Aubergine säubern und in ca. 1 cm große Würfel schneiden und in ca. 30 g Olivenöl, in der schon benutzen Pfanne, anbraten, salzen und aus der Pfanne nehmen. Mit dem restlichen Olivenöl Knoblauch und Zwiebeln glasig dünsten. Die Tomaten dazu geben und für rund 8 min, ohne Deckel, köcheln lassen.

Nun die Gemüsebrühe, Auberginenwürfel, Honig und Kichererbsen zugeben. Das Ganze aufkochen lassen und mit Salz, Pfeffer und Kreuzkümmel nach Wunsch würzen.

In dieser Zeit die Pasta im kochenden Salzwasser für 3 min kochen lassen, sie müssen sehr bissfest sein. 2 Schöpfkellen vom Nudelwasser beiseitestellen und die Nudeln dann absieben.

Den Blattspinat und die Kräuter zum Gemüse geben, homogen vermischen und einmal kurz aufkochen lassen. Dann die Nudeln zu der Mischung geben, homogen mischen und nochmals für 2 min leicht köcheln lassen. Die Pasta auf Tellern anrichten und mit dem geriebenen Parmesan nach Wunsch bestreuen.

SCHWARZE NUDELN MIT ROTE-BETE-SOSSE

Ergibt 4 Portionen, Zubereitungszeit ca. 45 min

ZUTATEN

500 g schwarze Nudeln, nach Wunsch

→ *Grundrezept Nudelteig von Seite 21, 22 oder 30, zusätzlich in Variante schwarze Nudeln, Seite 23 oder 34*

5 Stiele Thai-Basilikum
50 g Parmesan, gehobelt
3 Stk. Knoblauchzehe
80 g Zwiebeln
8 Stiele Thymian
800 g Rote Bete
20 g Olivenöl
250 g Sahne
Zitronensaft
Salz und Pfeffer, nach Wunsch

HERSTELLUNG

Ofen auf 200 °C Ober-/Unterhitze vorheizen.

Die Rote Bete schälen und in ca. 2 cm große Würfel schneiden. Zwiebel schälen und achteln, Knoblauch schälen und halbieren. Die Thymianstiele abzupfen. Alles in eine Auflaufform geben und mit 20 g Olivenöl mischen. Die Form auf mittlerer Schiene im vorgeheizten Ofen für 35–40 min weich garen. Dabei einmal durchmischen und mit der Gabel kurz vor Ende der Backzeit einen Test machen, ab die Rote Bete weich gegart ist.

Jetzt die Pasta im kochenden Salzwasser al dente kochen. 450 g Nudelwasser beiseitestellen und die Nudeln dann absieben und abtropfen lassen.

In der Zwischenzeit die Rote-Bete Mischung, 1–2 Spritzer Zitronensaft und die Sahne in einen Mixer geben oder mit dem Mixstab sehr fein pürieren. Die Soße in einen großen Kochtopf geben (der von den Nudeln z. B.) und 300 g Nudelwasser zugeben. Köcheln lassen und mit Salz und Pfeffer abschmecken. Wenn die Soße euch nicht sämig genug ist, einfach noch etwas mehr Nudelwasser hinzufügen. Dann nochmals für 1–2 min köcheln lassen. Die Nudeln auf Tellern anrichten und die Soße darüber verteilen und mit Parmesan garnieren.

TAGLIATELLE MIT STEINPILZ-SAHNE-SOSSE

Ergibt 4 Portionen, Zubereitungszeit ca. 40 min

ZUTATEN

500 g glutenfreie Tagliatelle

→ *Grundrezept Nudelteig von Seite 21–23 oder 30*

500 g Steinpilze, frisch
1 mittlere Zwiebel
1 mittlere Knoblauchzehe
20 g Olivenöl
80 g Weißwein, trocken
250 g Sahne
10 g Petersilie, gehackt
5 g Zitronensaft
Muskatnuss, Pfeffer und Salz nach Wunsch

Ihr könnt auch jede andere Pilzart nach Wunsch nehmen. Auch Steinpilze getrocknet gehen, dazu benötigt ihr aber mind. 3 Päckchen getrocknete Steinpilze à 30 g Nach Packungsanleitung einweichen, für mind. 30 min abtropfen lassen und dann anbraten.

HERSTELLUNG

Die Tagliatelle nach dem Grundrezept zubereiten. Einen Topf mit gut gesalzenem Wasser aufstellen und zum Kochen bringen.

Währenddessen die Steinpilze putzen, mit einem trockenen Tuch abreiben und in ca. 1 cm dicke Scheiben schneiden. Den Knoblauch und die Zwiebel schälen und sehr fein würfeln.

Nun das Olivenöl in einer großen Pfanne erhitzen und beide Seiten der Pilze bei hoher Hitze 2 min gold-braun braten. Danach die Knoblauch- und Zwiebelwürfel hinzugeben und mitbraten, bis sie glasig sind.

Das Ganze mit dem Weißwein ablöschen und ihn einreduzieren lassen. Sahne hinzufügen und bei mittlerer Hitze weiter einreduzieren, bis die Soße sämig ist. Nun mit den Gewürzen abschmecken. In dieser Zeit die Tagliatelle fertig kochen.

Eine Schöpfkelle mit dem Nudelwasser zur Seite stellen und die fertig gekochten Tagliatelle absieben. Nur kurz abtropfen lassen und dann direkt in die Steinpilz-Soße geben.

Homogen vermischen und auf 4 Teller verteilen, mit der gehackten Petersilie bestreuen und genießen.

RAVIOLI UND TORTELLINI MIT VERSCHIEDENEN FÜLLUNGEN

SO MACHT MAN RAVIOLI

Als Erstes das Grundrezept Nudelteig (ab Seite 21), mit oder ohne Ei, dunkel oder bunt oder süß herstellen. Zu einer rechteckigen dickeren Platte formen, mit Frischhaltefolie einpacken und für mind. 30 min kalt stellen. Einen Puderzuckerstreuer, mit Reismehl befüllt, vorbereiten.

MIT DEM REISMEHL HAT MAN EINE GÜNSTIGE VARIANTE AN MEHL UND MIT DEM PUDERZUCKERSTREUER KANN MAN DIESES MEHL DANN SEHR FEIN DOSIEREN.

Arbeit mit dem Nudelholz und Ausstechern nach Wunsch:

Währenddessen die Arbeitsfläche frei räumen und ein Nudelholz bereitstellen. Darauf achten, dass ihr viel Platz benötigt. Nun den Teig unter zu Hilfenahme vom Reismehl zu einem maximal 1 mm dicken Rechteck ausrollen. Nun mit einem runden, glatten oder gewellten Ausstecher in gewünschter Größe eine gerade Anzahl an Ravioli ausstechen. Den überzähligen Teig entfernen, zur Kugel formen und eingepackt in Frischhaltefolie zur Seite legen.

Die ausgestochenen Teigplatten in Reihen so richten, dass immer 2 der Platten vertikal übereinander lieben. Anschließend die untere Reihe jeweils sehr dünn mit Wasser abstreichen. Die gewünschte Füllung in einen Spritzbeutel mit runder Tülle geben und die Füllung in passender Menge aufdressieren. Dabei ist darauf zu achten, dass um die Füllung genug Platz bleibt. Nun die ungefüllten Platten jeweils auf die Füllung legen, etwas andrücken und dann den Rand mit der Rückseite eines etwas kleineren Ausstechers als den verwendeten, andrücken. So lange die ganzen Schritte wiederholen, bis der Teig aufgebraucht ist.

Arbeiten mit einer manuellen Nudelmaschine und Ravioli-Ausstecher:

Die manuelle Nudelmaschine an einem Ende der langen Tischseite befestigen. Den Ravioli-Ausstecher bereitlegen.

Nach der Ruhezeit, den Nudelteig nochmals kurz durchkneten, halbieren und dann mit der Nudelmaschine 2 Bahnen ausrollen, die am Ende auf der einer der beiden niedrigsten Stufen ausgerollt worden sind. Diese Bahnen der Länge nach nebeneinanderlegen. Dann mit einem Tischbesen abkehren, sodass kein Mehl mehr auf der Teigoberfläche ist. Mit dem Ravioli-Ausstecher leichte Markierungen in die untere Teigbahn eindrücken. Die gewünschte Füllung in einen Spritzbeutel mit runder Tülle geben und die Füllung in passender Menge in die Mitte der Markierungen aufdressieren. Dann die andere Teigbahn bündig auf die erste auflegen und darauf achten, dass keine Luft eingeschlossen ist. Sonst platzen die Ravioli beim Kochen auf. Jetzt mit dem Ravioli-Ausstecher die Ravioli ausstechen und so lange die ganzen Schritte wiederholen, bis der Teig aufgebraucht ist.

SO MACHT MAN TORTELLINI

Als Erstes das Grundrezept Nudelteig (ab Seite 22), mit oder ohne Ei, dunkel oder bunt oder süß, herstellen. Zu einer rechteckigen dickeren Platte formen, mit Frischhaltefolie einpacken und für mind. 30 min kaltstellen. Einen Puderzuckerstreuer, mit Reismehl befüllt, vorbereiten.

MIT DEM REISMEHL HAT MAN EINE GÜNSTIGE VARIANTE AN MEHL UND MIT DEM PUDERZUCKERSTREUER KANN MAN DIESES MEHL DANN SEHR FEIN DOSIEREN.

Tortellini zu formen, benötigt ein wenig mehr Zeit. Es scheint kompliziert, aber mit meiner Anleitung wird es euch leicht von der Hand gehen.

Wir benötigen dazu viereckige Teigplatten, sehr dünn ausgerollt. Achtet darauf, dass keine Luft eingeschlossen wird, denn sonst platzen die Tortellini beim Kochen auf.

Außerdem benötigt ihr einen kleinen Pinsel und einen Tischbesen.

Den Teig aus dem Kühlschrank nehmen und maximal 1 mm dick ausrollen. Darauf achten, dass die Arbeitsplatte bemehlt ist. Nun eine Seite der Teigplatte gerade schneiden und die ganze Teigplatte abkehren, also vom Mehl befreien.

Je nach gewünschter Größe, beginnend an der geraden Kante, zwischen 4×4 bis zu 8×8 cm große Quadrate schneiden. Hier ist es wichtig, sehr genau zu arbeiten, da sonst die Tortellini sich nicht schön formen lassen.

Als Erstes die Ränder der Quadrate mit einem Pinsel und Wasser dünn einstreichen, dadurch halten die Seiten besser. Nun die feine Füllung mit einem Spritzbeutel mittig und nicht zu viel aufdressieren. Dann eine Spitze des Quadrates über die Füllung zur gegenüberliegenden Spitze falten. Jetzt kommt der wichtigste Punkt: Beim Andrücken der Seiten unbedingt die Luft ausstreichen und dicht an der Füllung das Dreieck zusammendrücken.

Nun das Dreieck mit der bauchigen Seite nach unten in die Hand nehmen. Die Linke untere Spitze nun um z. B. den linken Zeigefinger wickeln.

Die Spitze etwas anfeuchten mit dem kleinen Pinsel und die rechte untere Spitze auf die Linke umklappen und andrücken.

Den Finger rausziehen und die Tortellini ist fertig. So alle Tortellini herstellen, solange Füllung vorhanden ist.

ALLGEMEINE TIPPS

1. Die Kochzeit der frischen Ravioli oder Tortellini, in sehr gut gesalzenem Wasser, variiert je nach Größe. Sie sind fertig, wenn sie oben schwimmen. Dies sollte nach ca. 1–2 min passieren.

2. Je nach Größe der Ravioli kann man sie auch als feine kleine Suppeneinlage verwenden. Es gibt auch Ravioli-Former, in die ihr den Teig dünn ausgerollt und ausgestochen einlegt, Füllung drauf und zusammenklappen.

3. Mini-Ravioli oder sehr kleine eignen sich auch toll für einen Salat.

4. Frische Ravioli oder Tortellini könnt ihr für ein paar Tage aufbewahren. Dazu die Tortellini/Ravioli auf ein Tablet mit Backpapier verteilen, mit Frischhaltefolie luftdicht verpacken und in den Kühlschrank geben. So können sie auch vor dem Kochen eingefroren werden. Wichtig ist dabei, dass sie nebeneinander liegen, ohne sich zu berühren. Wenn sie dann gefroren sind, können sie portionsweise in Gefrierbeutel umgepackt werden, ohne dass sie aneinanderkleben.

FÜLLUNGEN FÜR RAVIOLI UND TORTELLINI

SPINAT UND HONIGZWIEBELN

Ergibt 4 Portionen, Zubereitungszeit Füllung: ca. 20 min

ZUTATEN

400 g roter Tomaten-Nudelteig

→ *Grundrezept Nudelteig von Seite 21, 22 oder 30, Version Rot, Seite 34*

420 g Blattspinat
2 Stk. Schalotten, mittelgroß
2 Stk. Knoblauchzehe, mittelgroß
220 g Ziegenfrischkäse
40 g Olivenöl
500 g Gemüsezwiebel
30 g Thymian, frisch, gezupft
40 g Honig
200 g Strauch-Cherrytomaten
50 g Pinienkerne, leicht geröstet
12 Stk. Minzblätter
Salz und Pfeffer, nach Wunsch

HERSTELLUNG

Den Nudelteig nach dem Grundrezept Nudeln zubereiten, einpacken und kalt legen.

Spinat waschen, putzen und trockenschleudern oder -schütteln. Knoblauch und Schalotten schälen und fein würfeln. Die Schalotten und den Knoblauch in 20 g Olivenöl glasig dünsten. Dann den Spinat zugeben und so lange weiterdünsten, bis er komplett zusammengefallen ist. Das Ganze in einem feinen Sieb abtropfen lassen.

In der Zwischenzeit für die Honigzwiebeln die Gemüsezwiebeln schälen, halbieren und in feine Streifen schneiden. In einer beschichteten Pfanne die restlichen 20 g Olivenöl erhitzen und die Gemüsezwiebeln mit dem gezupften Thymian sowie dem Honig mindestens 15 min dünsten lassen. Regelmäßig umrühren und dann mit Deckel auf kleinster Stufe warm stellen.

Die Cherrytomaten waschen, putzen und halbieren. Die Spinat-Zwiebel-Knoblauch-Mischung nun fein hacken und mit dem Ziegenfrischkäse in einer Schüssel vermischen. Dann mit Salz und Pfeffer nach Wunsch abschmecken.

Ravioli/Tortellini nach Anleitung (Seiten 125/126) herstellen und garen.

Nun 100 g Nudelwasser und die Kirschtomaten zu den Honigzwiebeln geben und alles miteinander aufkochen lassen. Mit Pfeffer und ggf. Salz nach Wunsch abschmecken. Die Ravioli mit den Honigzwiebeln anrichten und mit den angerösteten Pinienkernen und den Minzblätter garnieren.

RICOTTA UND PARMESAN

Ergibt 4 Portionen, Zubereitungszeit Füllung: ca. 10 min

ZUTATEN

450 g grüner Nudelteig für Ravioli/Tortellini

→ *Grundrezept Nudelteig von Seite 21, 22 oder 30, Version Grün, Seite 34*

350 g Ricotta
80 g Parmigiano Reggiano, gerieben
3 g Meersalz
2 g Pfeffer

HERSTELLUNG

Nudelteig herstellen und in Frischhaltefolie einpacken.

Ricotta je nach Sorte etwas abtropfen lassen. Für die Füllung den Parmigiano und Ricotta homogen vermischen und mit Salz und Pfeffer nach Wunsch abschmecken.

Ravioli/Tortellini nach Anleitung (Seiten 125/126) herstellen und garen.

Mit Soße nach Wunsch servieren.

BRENNNESSEL UND RICOTTA

Ergibt 4 Portionen, Zubereitungszeit Füllung: ca. 15 min

ZUTATEN

450 g grüner Nudelteig für Ravioli/Tortellini

→ *Grundrezept Nudelteig von Seite 21, 22 oder 30, Version Grün, Seite 34*

350 g Ricotta
140 g Brennnessel oder alternativ Spinat
100 g Parmigiano Reggiano, gerieben
Salz, Pfeffer und Muskat, nach Wunsch

HERSTELLUNG

Nudelteig herstellen und in Frischhaltefolie einpacken.

Ricotta je nach Sorte etwas abtropfen lassen. Brennnessel/Spinat blanchieren und dann so viel wie möglich Wasser auspressen. *Keine Sorge, die Brennnadeln der Brennnesseln gehen durch den Blanchiervorgang kaputt.*

Brennnesseln/Spinat fein hacken und mit Parmesan und Ziegenkäse vermischen. Dann mit Salz, Pfeffer und Muskat nach Wunsch abschmecken.

Ravioli/Tortellini nach Anleitung (Seiten 125/126) herstellen und garen.

Mit Soße nach Wunsch servieren.

BIRNE UND GORGONZOLA

Ergibt 4 Portionen, Zubereitungszeit Füllung: ca. 10 min

ZUTATEN

450 g grüner Nudelteig für Ravioli/Tortellini

→ *Grundrezept Nudelteig von Seite 21, 22 oder 30, Version Schwarz, Seite 23 oder 34*

200 g Birne, geschält, grob geraspelt
300 g Gorgonzola
80 g Parmigiano Reggiano

HERSTELLUNG

Nudelteig herstellen und in Frischhaltefolie einpacken.

Birne, Gorgonzola und Parmigiano miteinander homogen vermischen.

Ravioli/Tortellini nach Anleitung (Seiten 125/126) herstellen und garen.

Mit Soße nach Wunsch servieren.

HACKFLEISCH

Ergibt 4 Portionen, Zubereitungszeit Füllung: ca. 30 min

ZUTATEN

450 g grüner Nudelteig für Ravioli/Tortellini

→ *Grundrezept Nudelteig von Seite 21, 22 oder 30, Version Grün, Seite 34*

350 g Rinderhackfleisch
½ Knolle Sellerie
1 Stk. Möhre, mittelgroß
1 Stk. Zwiebel, mittelgroß
350 g Ricotta
Olivenöl zum Anbraten
Thymian/Majoran, nach Wunsch
Salz und Pfeffer nach Wunsch

HERSTELLUNG

Nudelteig herstellen und in Frischhaltefolie einpacken.

Sellerie, Zwiebel und Möhre schälen, putzen und in fein kleine Würfel schneiden. Diese dann in einer Pfanne mit etwas Olivenöl anbraten. Wenn das Gemüse schön angebraten ist und etwas gebräunt hat, das Hackfleisch zugeben und so lange anbraten, bis es krümelig ist. Dabei das Gemisch mit Majoran und Thymian abschmecken. Das Ganze in einer Schüssel abkühlen lassen.

Die abgekühlte Hackfleisch-Gemüse-Mischung nun in einen Mixer geben und fein pürieren. Die pürierte Mischung mit dem Ricotta vermischen und mit Salz und Pfeffer abschmecken.

Ravioli/Tortellini nach Anleitung (Seiten 125/126) herstellen und garen.

Mit Soße nach Wunsch servieren.

PARMASCHINKEN UND MORTADELLA

Ergibt 4 Portionen, Zubereitungszeit Füllung: ca. 40 min

ZUTATEN

450 g grüner Nudelteig für Ravioli/Tortellini

→ *Grundrezept Nudelteig von Seite 21, 22 oder 30, Version Grün, Seite 34*

50 g Ei
50 g Weißwein, trocken
20 g Butter
130 g Parmaschinken, gewürfelt
80 g Mortadella, gewürfelt
100 g Schweineschulter, ausgelöst, ohne Knochen
40 g Parmigiano Reggiano, gerieben
Muskat, Salz und Pfeffer, nach Wunsch

HERSTELLUNG

Nudelteig herstellen und in Frischhaltefolie einpacken.

Die Butter in einer Pfanne heiß werden lassen, bis sie schäumt. Dann die Schweineschulter in der Butter von beiden Seiten etwa 4–5 min gold-braun anbraten. Dann mit dem Weißwein ablöschen und mit Deckel bei niedriger Temperatur nochmals 5–8 min garen lassen.

Dann das Fleisch aus der Pfanne nehmen, aber den Bratensud aufheben. Nun das Fleisch mit der Mortadella und dem Parmaschinken durch den Fleischwolf lassen. Anschließend alles mit dem Ei, Parmesan und Fleischsaft vermischen. Mit Muskat, Salz und Pfeffer nach Wunsch abschmecken.

Ravioli/Tortellini nach Anleitung (Seiten 125/126) herstellen und garen.

Mit Soße nach Wunsch servieren.

HASE, KALB UND GRÜNKOHL

Ergibt 4 Portionen, Zubereitungszeit Füllung: ca. 40 min

ZUTATEN

450 g grüner Nudelteig für Ravioli/Tortellini

→ *Grundrezept Nudelteig von Seite 21, 22 oder 30, Version Grün, Seite 34*

20 g Risotto Reis
70 g Milch
40 g Butter
70 g Grünkohl, gewaschen, grob zerkleinert
1 Stk. Knoblauchzehe, geschält
50 g Weißwein, trocken
8 g Rosmarin, getrocknet
80 g Parmigiano Reggiano, gerieben
50 g Ei
120 g Kaninchen, gewürfelt
120 g Kalbsschulter, gewürfelt

HERSTELLUNG

Nudelteig herstellen und in Frischhaltefolie einpacken.

Den Risottoreis in der Milch für ca. 18–20 min kochen lassen. Danach 20 g Butter in einer Pfanne erhitzen und den Grünkohl mit der Knoblauchzehe garen, bis der Spinat zusammengefallen ist. Jetzt den Spinat ohne die Knoblauchzehe zum Risotto-Reis geben, miteinander homogen vermischen und auskühlen lassen.

Die restlichen 20 g Butter wieder in der Pfanne erhitzen und Rosmarin zugeben. Dann beide Fleischsorten von allen Seiten gold-braun braten. Dann mit dem Weißwein ablöschen und mit Deckel bei niedriger Temperatur nochmals 10–12 min garen lassen.

Die Grünkohl-Reis-Masse fein hacken und in eine Schüssel geben. Das Fleisch durch den Fleischwolf drehen und auch in die Schüssel geben und alles vermengen. Dann Ei und Parmigiano dazu geben und zu einer homogenen Masse mischen.

Ravioli/Tortellini nach Anleitung (Seiten 125/126) herstellen und garen.

Mit Soße nach Wunsch servieren.

KARTOFFELN UND PILZE

Ergibt 4 Portionen, Zubereitungszeit Füllung: ca. 40 min

ZUTATEN PARMESANEERSATZ

90 g Cashewkerne, roh
18 g Hefeflocken
3 g Salz
1 g Knoblauchpulver

HERSTELLUNG PARMESANERSATZ

Alle Zutaten sehr fein miteinander mixen. Luftdicht verpackt bis zu 4 Wochen im Kühlschrank haltbar.

ZUTATEN FÜLLUNG

450 g grüner Nudelteig für Ravioli/Tortellini

→ *Grundrezept Nudelteig von Seite 21, 22 oder 30, Version Grün, Seite 34*

500 g Kartoffeln, mehligkochend
20 g Olivenöl
1 Stk. Zwiebel, mittelgroß
2 Stk. Knoblauchzehe
300 g Champignons
8 g Thymian, getrocknet
112 g Parmesanersatz
Salz, Pfeffer und Muskat, nach Wunsch

HERSTELLUNG FÜLLUNG

Nudelteig herstellen und in Frischhaltefolie einpacken.

Knoblauch und Zwiebeln schälen, Pilze putzen und alles fein hacken. Die Kartoffeln schälen und in Salzwasser gar kochen. Dann abschütten und abkühlen lassen.

Das Olivenöl in einer Pfanne erhitzen und die Zwiebeln sowie den Knoblauch glasig dünsten. Die Pilze und den Thymian zugeben und so lange braten, bis die Pilze weich sind.

Die Kartoffeln stampfen und mit den Pilzen und dem Parmesanersatz homogen vermischen. Jetzt mit Salz, Pfeffer und Muskat abschmecken.

Ravioli/Tortellini nach Anleitung (Seiten 125/126) herstellen und garen.

Mit Soße nach Wunsch servieren.

GARNELEN

Ergibt 4 Portionen, Zubereitungszeit Füllung: ca. 10–15 min

ZUTATEN

450 g schwarzer Nudelteig für Ravioli/Tortellini

→ *Grundrezept Nudelteig von Seite 21, 22 oder 30, Version Schwarz, Seite 23 oder 34*

420 g Garnelen, geschält, geputzt, roh
20 g Sojasoße
2 Stk. Chilischote, rot, klein
2 g Meersalz, fein

HERSTELLUNG

Nudelteig herstellen und in Frischhaltefolie einpacken.

Die Garnelen auftauen, abwaschen und trockentupfen. Die Chilischote waschen, trocknen, halbieren und die Kerne entfernen. Dann beides sehr fein hacken. In eine Schüssel geben und mit dem Meersalz und der Sojasoße vermischen. Etwa 30 min ziehen lassen. Die Füllung mit einem Teelöffel aufbringen.

Ravioli/Tortellini nach Anleitung (Seiten 125/126) herstellen und garen.

Mit Soße nach Wunsch servieren.

LACHS

Ergibt 4 Portionen, Zubereitungszeit Füllung: ca. 10–15 min

ZUTATEN

450 g grüner Nudelteig für Ravioli/Tortellini

→ *Grundrezept Nudelteig von Seite 21, 22 oder 30, Version Grün, Seite 34*

400 g Räucherlachs
220 g Frischkäse
10 g Zitronensaft
16 g Dill
Salz und Pfeffer, nach Wunsch

HERSTELLUNG

Nudelteig herstellen und in Frischhaltefolie einpacken.

Den Lachs sehr fein würfeln und mit dem Frischkäse und Dill homogen vermischen. Dann mit Salz, Pfeffer und Zitronensaft abschmecken.

Ravioli/Tortellini nach Anleitung (Seiten 125/126) herstellen und garen.

Mit Soße nach Wunsch servieren.

GEBRATENE ENGELSHAARE NACH CHINESISCHER ART

Ergibt 4 Portionen, Zubereitungszeit ca. 40–50 min

ZUTATEN

500 g glutenfreies Engelshaar oder alternativ Spaghetti

→ *Grundrezept Nudelteig von Seite 21, 22 oder 30*

2 mittelgroße Karotten/Möhren
1 Glas Mungobohnenkeimlinge, 200 g Abtropfgewicht
1,5 Stangen Lauch
150 g Zwiebeln, rot
300 g Ei, verquirlt
400 g Hähnchen- oder Putenfleisch (kann sehr gut durch veganen Fleischersatz ausgetauscht werden, wie z. B. Tofu)
30 g Sojasoße, dunkel
10 g Sesamöl
3 g Rohrohrzucker
Salz und weißer Pfeffer nach Wunsch
10 g Pflanzenöl zum Braten

HERSTELLUNG

Das Engelshaar (sehr dünne Pasta) nach Nudelteig-Rezept herstellen. Einen Topf mit gut gesalzenem Wasser aufstellen und zum Kochen bringen. Darin die Nudeln al dente kochen. Sie dürfen nicht zu weich sein. Nach dem Absieben mit kaltem Wasser gut abspülen, damit sie nicht aneinanderkleben.

Das Fleisch in kleine Würfel schneiden und in gut gesalzenem Wasser (nicht das Nudelwasser!) garkochen und abtropfen lassen. Den Fleischersatz nur Würfeln.

Die Eier verquirlen, Zwiebel fein hacken, Lauch putzen, waschen und in feine Ringe schneiden sowie die Karotten schälen, mit dem Sparschäler feine Streifen runter schneiden, bis alle Möhren verbraucht sind. Dann die Streifen grob bis mittelfein durchhacken.

Das Pflanzenöl in eine heiße große Pfanne oder Wok geben und das verquirlte Ei in das heiße Öl geben. Unter rühren kurz anbraten und die gehackten Zwiebeln dazu geben und kurz mit anbraten. Jetzt den Lauch und die Möhren dazu geben und nochmals kurz anbraten.

Jetzt das Engelshaar dazu geben und mitbraten. Das Ganze mit Salz und der Sojasoße würzen, homogen vermischen und weiter braten lassen.

Nun das Fleisch und die Mungobohnenkeimlinge zugeben und in der heißen Pfanne kurz, aber homogen vermischen. Anschließend die Pfanne vom Herd nehmen, Sesamöl zugeben und mit Pfeffer würzen. Auf tiefen Tellern verteilen und servieren.

REHFILETS MIT SPÄTZLE UND SCHOKO-PREISELBEERSOSSE

Ergibt 4 Portionen, Zubereitungszeit ca. 40–50 min

ZUTATEN

600 g Spätzleteig

→ *Grundrezept Spätzleteig von Seite 47*

800 g Rehrückenfilet, küchenfertig pariert für Medaillons oder 800 g kleine Rehfilets
20 g Butterschmalz
2 mittlere Zwiebeln
1 mittlere Knoblauchzehe
4 g Chiliflocken
200 g Rotwein, trocken
300 g Wildfond
10 g Ingwer, frisch, in Scheiben
150–200 g Preiselbeeren aus dem Glas, nach Geschmack, möglichst mit wenig oder keinem Zucker, da es sonst zu süß wird
50–75 g Zartbitterschokolade, 70%ig
75 g Crème fraîche

HERSTELLUNG

Den Spätzleteig nach Grundrezept von Seite XX herstellen und quellen lassen. Ofen auf 120 °C Ober-/Unterhitze vorheizen.

Zwiebeln und Knoblauch schälen, fein würfeln und beiseitestellen. Die Schokolade fein reiben oder hacken.

Den Rehrücken abbrausen, mit einem Küchenkrepp trockentupfen und in etwa 12 gleich große Stücke schneiden. Mit Salz und Pfeffer nach Wunsch würzen. Bei kleinen Rehfilets einfach nur abbrausen, mit einem Küchenkrepp trockentupfen und mit Salz und Pfeffer nach Wunsch würzen.

In einer großen Pfanne das Schmalz erhitzen und die Medaillons/Rehfilets von beiden Seiten kurz und heiß braun anbraten. Anschließend aus der Pfanne nehmen und auf dem Ofengitter (Backblech oder Fettpfanne des Ofens darunter stellen) im Ofen ca. 10 bis 15 min gar ziehen lassen.

In der Zwischenzeit Zwiebeln, Knoblauch und die Chiliflocken in den Bratensatz geben und leicht bräunen lassen. Anschließend mit Rotwein und dem Wildfond ablöschen, Ingwer dazu geben und auf die Hälfte einreduzieren. Nun die Grundsoße durch ein feines Sieb in einen Topf passieren.

Die Preiselbeeren, Crème fraîche und die Schokolade unter rühren dazu geben. Bei kleiner Hitze nur noch die Soße heiß werden lassen. Sie darf nicht mehr kochen.

Hinweis: Wenn sie jetzt nochmal aufkocht, gewinnt die Soße!

Nun die Spätzle portionsweise nach Grundrezept zubereiten und gut abgetropft auf Tellern anrichten. Die Medaillons aus dem Ofen nehmen, auf den oder neben den Spätzle anrichten, die Soße darüber geben und servieren.

Salate

ALLGEMEINER TIPP FÜR ALLE NUDELSALATE

Für die Salate koche ich die Nudeln vor, sodass sie minimal fester sind als al dente. Ich siebe sie ab, spüle sie sehr gut und etwas länger mit kaltem Wasser ab, richte vorher eine große Schüssel mit kaltem Wasser und Eiswürfeln und gebe sie nach dem Abspülen direkt in diese Schüssel.

Dadurch bleiben die Nudeln etwas stabiler und verkleben nicht. Wenn ich sie dann brauche, schütte ich sie ab und lass sie abtropfen. Die Nudeln nehmen dann etwas der Soße auf, aber ohne weicher zu werden.

Die Ziehzeit der Salate ist eine Empfehlung, natürlich kann man sie direkt genießen. ABER eine Ziehzeit sorgt dafür, dass die Nudeln auch etwas vom Aroma aufnehmen. Dadurch wird der ganze Salat im Geschmack runder.

ITALIENISCHER NUDELSALAT

Ergibt 4 Portionen, Zubereitungszeit ca. 60 min, Ziehzeit: 30–60 min

ZUTATEN

500 g Nudeln, nach Wahl

→ *Grundrezept Nudelteig von Seite 21–23 oder 30*

3 Stk. Knoblauchzehe
400 g Strauch-Kirschtomaten
200 g Mini-Mozzarella-Kugeln
1 Bund Frühlingszwiebeln
3 Stk. Knoblauchzehe
6 Stk. Tomaten, getrocknet, in Öl
250 g Tomaten, passiert
50 g Balsamico Essig
50 g Olivenöl
2 g Zucker, nach Wunsch
Salz und Pfeffer, nach Wunsch

HERSTELLUNG

Die Nudeln nach Grundrezept herstellen und einen großen Topf mit gut gesalzenem Wasser zum Kochen bringen. In dieser Zeit die Frühlingszwiebeln putzen und in feine Ringe schneiden, sowie den Knoblauch schälen.

Wenn das Nudelwasser kocht, die Nudeln und den Knoblauch ins Wasser geben und die Nudeln al dente kochen. Dann die Nudeln absieben, kalt abschrecken und abtropfen lassen. Den Knoblauch beiseitelegen.

Die Kirschtomaten waschen, putzen und vierteln. Die Mini-Mozzarella-Kugeln abgießen und abtropfen lassen. Die getrockneten Tomaten in Öl abtropfen lassen und in Stücke schneiden.

Die passierten Tomaten, Olivenöl, Balsamico vermischen, den Knoblauch dazu pressen und mit Salz und Pfeffer abschmecken. Mit einem Schneebesen nochmals gut verrühren und mit dem Zucker nach Wunsch optimieren. Dann die Frühlingszwiebelringe dazu geben, alles verrühren und nochmals abschmecken nach Wunsch.

Jetzt die Nudeln, getrocknete Tomaten, Mozzarella und das Dressing in eine große Schüssel geben und alles homogen vermischen. Darauf achten, dass das Dressing alles bedeckt hat. Den Nudelsalat kaltstellen und mind. 30–60 min ziehen lassen.

NUDELSALAT MIT JOGHURT-DRESSING

Ergibt 4 Portionen, Zubereitungszeit: 30 min

ZUTATEN

400 g Nudeln, nach Wunsch

→ *Grundrezept Nudelteig von Seite 21–23 oder 30*

120 g griechischer Sahne-Joghurt
30 g Weißwein-Essig
60 g Tomaten, getrocknet, in Öl
8 g Zucker
300 g Strauch-Kirschtomaten
1 ganze Paprika, gelb
3 Stk. Pfirsiche oder Nektarinen
60 g Cashewkerne
200 g Mini-Mozzarella-Kugeln
60 g Oliven, entsteint (optional)

HERSTELLUNG

Die Nudeln nach Grundrezept herstellen und einen großen Topf mit gut gesalzenem Wasser zum Kochen bringen. Wenn das Nudelwasser kocht, die Nudeln ins Wasser geben und al dente kochen. Dann die Nudeln absieben, kalt abschrecken und abtropfen lassen.

Für das Dressing die getrockneten Tomaten in Öl etwas abtropfen lassen und fein würfeln, dann mit dem Joghurt und dem Weißwein-Essig, mit einem Mixstab, fein pürieren und anschließend mit Salz und Pfeffer nach Wunsch abschmecken. Anschließend abdecken und im Kühlschrank ziehen lassen.

Die Cashewkerne grob hacken und in einer Pfanne ohne Öl gold-gelb anrösten. Die Paprika putzen und in nicht zu feine Streifen schneiden. Die Kirschtomaten waschen und halbieren, ebenso den Mozzarella. Oliven abgießen und die Nektarinen/Pfirsiche halbieren und in Spalten schneiden.

Nun die Nudeln, Pfirsichspalten, Mozzarella, Tomaten, Oliven und Paprika in eine große Schüssel geben, mit der Soße übergießen und homogen vermengen. Vor dem Servieren mit den gerösteten Cashewkernen bestreuen.

NUDELSALAT MIT CURRYMARINADE

Ergibt 4 Portionen, Zubereitungszeit: ca. 85 min, Ziehzeit: 180 min

ZUTATEN

400 g Nudeln, nach Wunsch

→ *Grundrezept Nudelteig von Seite 21–23 oder 30*

180 g Möhren
180 g Frühlingszwiebeln
150 g Erbsen, TK
250 g Aprikosen, aus der Dose
140 g Aprikosensaft
140 g Vollmilch-Joghurt
120 g Joghurt-Mayonnaise/Salatmayonnaise
6–8 g Curry (nach Wunsch mehr oder weniger)
16 g Petersilie, frisch
Salz, Pfeffer und Zucker, nach Wunsch

HERSTELLUNG

Die Nudeln nach Grundrezept herstellen und einen großen Topf mit gut gesalzenem Wasser zum Kochen bringen. Wenn das Nudelwasser kocht, die Nudeln und die Erbsen ins Wasser geben und al dente kochen. Dann die Nudeln und Erbsen absieben, kalt abschrecken und abtropfen lassen.

Möhren schälen und grob reiben, Lauchzwiebeln putzen und in feine Ringe schneiden, Aprikosen auswiegen und abtropfen lassen.

Joghurt, Aprikosensaft, Mayonnaise und Curry miteinander verrühren, mit Salz, Pfeffer und Zucker nach Wunsch abschmecken.

Nun Nudeln, Möhren, Erbsen, Frühlingszwiebel, Aprikosen und das Dressing miteinander homogen vermischen. Für mindestens 3 Stunden abgedeckt im Kühlschrank ziehen lassen. Nochmals mischen und abschmecken und dann servieren.

GRIECHISCHER NUDELSALAT

Ergibt 4 Portionen, Zubereitungszeit: ca. 50 min, Ziehzeit: 30 min

ZUTATEN

400 g Nudeln, nach Wunsch

→ *Grundrezept Nudelteig von Seite 21–23 oder 30*

50 g Weißwein-Essig
1 Peperoni, rot
12 g Honig, flüssig
60 g Olivenöl
10 g Senf, mittelscharf
420 g Strauch-Kirschtomaten
2 Stk. Zwiebel, rot
60 g Koriander, frisch
1 Stk. Avocado, reif
250 g Feta
240 g Kichererbsen, aus der Dose, abgetropft
Salz und Pfeffer, nach Wunsch

HERSTELLUNG

Die Nudeln nach Grundrezept herstellen und einen großen Topf mit gut gesalzenem Wasser zum Kochen bringen. Wenn das Nudelwasser kocht, die Nudeln ins Wasser geben und al dente kochen. Dann die Nudeln absieben, kalt abschrecken und sehr gut abtropfen lassen.

Peperoni putzen, halbieren und Kerne entfernen. Dann in fein hacken und mit Senf, Salz, Essig und Honig homogen verrühren und mit einem Mixstab unter langsamer Zugabe des Öls eine Emulsion herstellen.

Jetzt die Kichererbsen absieben, abwaschen und abtropfen lassen. Die roten Zwiebeln schälen, halbieren und in sehr feine Streifen schneiden. Den Koriander waschen, trockenschütteln, die Blätter abzupfen und grob hacken. Die Avocado halbieren, Kern entfernen, das Fruchtfleisch von der Schale lösen und in nicht zu feine Scheiben schneiden. Den Feta grob zerbröckeln. Die Kirschtomaten waschen, putzen und halbieren.

Nun die Nudeln, Koriander, Feta, Zwiebeln, Avocado, Kirschtomaten und Kichererbsen in eine große Schüssel geben, Dressing drüber schütten und dann homogen vermischen.

Für mind. 30 min im Kühlschrank abgedeckt ziehen lassen.

NUDELSALAT MEXIKO

Ergibt 4 Portionen, Zubereitungszeit: ca. 40–50 min

ZUTATEN

500 g Nudeln, nach Wunsch

→ *Grundrezept Nudelteig von Seite 21–23 oder 30*

3 Stk. Paprika, grün
300 g Mais aus der Dose
300 g Kidneybohnen aus der Dose
300 g Strauch-Cherrytomaten
2 Stk. Zwiebeln, mittelgroß
1 Stk. Knoblauchzehe
20 g Tomatenmark
300 g Crème fraîche
300 g Sahne
50 g Orangensaft
20 g Limettensaft
30 g Honig, flüssig
Salz und Tabasco, nach Wunsch
50 g Petersilie, glatt

TIPP: Wer grüne Paprika nicht möchte, kann auch rote oder gelbe Paprika nehmen.

HERSTELLUNG

Einen großen Topf mit gut gesalzenem Wasser zum Kochen bringen. In dieser Zeit die Nudeln nach Grundrezept (ab Seite 21) herstellen und al dente kochen. Absieben, kalt abschrecken. Dabei vorsichtig durchmischen (Achtung, kann innen noch heiß sein!) und gut abtropfen lassen.

Zwiebel und Knoblauch schälen und fein würfeln. Petersilie waschen und trockenschütteln oder mit einer Salatschleuder trockenschleudern. Anschließend die Petersilie fein hacken.

Die Kidneybohnen und Mais in ein Sieb abschütten und unter fließendem Wasser kurz waschen, dann gut abtropfen lassen.

Die Tomaten waschen, abtrocknen und würfeln. Paprika waschen, halbieren, entkernen und fein würfeln. Wenn alles gerichtet und gut abgetropft ist, kann man alles in eine Schüssel geben.

Jetzt aus Sahne, Crème fraîche, Honig, Orangen- und Limettensaft ein Dressing anrühren und mit Salz und Tabasco abschmecken. Daran denken, dass noch Saft vom Gemüse kommt und es ruhig etwas intensiver gewürzt werden sollte.

Dann die gehackten Kräuter und die Nudeln zum Gemüse geben und homogen mischen. Anschließend das Dressing dazu und nochmals homogen mischen. Falls nötig nochmals nachwürzen.

Desserts

MILCHNUDEL-DESSERT

Ergibt ca. 4 Portionen, Zubereitungszeit ca. 60 min, Kühlzeit 6–8 h

ZUTATEN

300 g Vanille-Nudeln, klein

→ *Grundrezept Nudelteig von Seite 21–23 oder 30*

500 g Milch
30 g Eigelb
40 g Maisstärke
30 g Zucker
100 g Quark
10 g Vanille-Zucker

FÜR DIE SCHICHTUNG

Rezept Himbeersoße für Nudeldessert von Seite 171
Ca. 200 g Aprikosen, aus der Dose

HERSTELLUNG

Die Vanille-Nudeln nach Grundrezept (Seite XX) herstellen. Von Hand z. B. kurze Tagliatelle und mit der Nudelmaschine kleine Hörnchen herstellen.

Dann 350 g Milch mit Vanille-Zucker und Zucker zum Kochen bringen und die Nudeln darin al dente garen. Beim Absieben der Nudeln, die Milch in einem Topf auffangen und wieder auf den Herd stellen. 50 g Milch in einer kleinen Schale mit Eigelb vermischen und dann die Maisstärke unterrühren.

Die Milch nochmals zum Kochen bringen und dann mit der Milch-Eigelb-Stärke-Mischung abbinden. Einmal aufkochen lassen und dann vom Herd nehmen. Die Vanillecrème mit Frischhaltefolie abdecken und auskühlen lassen. Dabei muss die Folie die Crème berühren. So entsteht keine Haut.

Die Aprikosen in ein Gefäß geben und mit etwas Aprikosensaft aus der Dose pürieren. Es sollte ein Mus entstehen, das so gut wie nicht fließt. Die Himbeersoße für Nudeldesserts herstellen.

Wenn die Crème abgekühlt ist, den Quark unter die Crème unterheben, 4 Dessert-Gläser bereitstellen.

Die Quark-Vanille-Crème in einen Spritzbeutel geben und mit der Crème eine Schicht einfüllen, dann einen Teil der Nudeln einfüllen.

Die Himbeersoße auf die Nudeln geben. Wieder die Crème aufdressieren und mit der Aprikosen-Soße abdecken. Mit einem dünnen längeren Holzstäbchen (für Spieße z. B.) am Rand der Gläser entlanggehen in kleinen Abständen, sodass ihr mit dem Stächen die Soßen dekorativ nach unten in die Füllung zieht.

Die Gläser abdecken, für 6–8 Stunden im Kühlschrank durchkühlen lassen. Die restlichen Nudeln auch abdecken und kaltstellen.

Nach dem Durchkühlen die restlichen Nudeln auf der Aprikosen-Soße dekorativ verteilen, und mit geschlagener Sahne sowie z. B. Minzblättern dekorieren.

VANILLE-KIRSCH-NUDEL-CRUMBLE

Ergibt 4 Portionen, Zubereitungszeit ca. 50 min

ZUTATEN

200 g Vanille-Tagliatelle oder Schoko-Tagliatelle

→ *Grundrezept Nudelteig von Seite 21–23 oder 30*

FÜR DIE VANILLECRÈME

200 g Milch
16 g Maisstärke
20 g Eigelb
15 g Zucker
6 g Vanille-Zucker
1 Prise Salz

FÜR DEN CRUMBLE

50 g Zucker
100 g Butter, gewürfelt, kalt
145 g Schär Mix Kuchen & Kekse
5 g Vanille-Zucker
1 Prise Salz

HERSTELLUNG DER VANILLECRÈME

Die Maisstärke mit 30 g der Milch vermischen, dann das Eigelb dazugeben und alles gut verrühren. Beiseitestellen.

Die restliche Milch, das Salz, den Zucker und dem Vanille-Zucker zusammen in einen Topf geben und zum Kochen bringen.

Sollte statt der Bourbon-Vanille eine Schote verwendet werden, diese der Länge nach durchschneiden und mit der Rückseite des Messers das Mark auskratzen. Das Vanillemark und die Schote zusammen zu der Milch in den Topf geben.

Zu Beginn des Erhitzens mit einem Schneebesen etwas in der Milch rühren, damit der Zucker nicht ansetzt.

Sobald die Milch kocht, ggf. die Vanilleschote entfernen, die Milch-Eigelb-Maisstärke-Mischung noch einmal gut verrühren und unter Rühren in die kochende Milch schütten.

Mit dem Schneebesen weiter langsam rühren, bis die Vanillecrème wieder kocht, aber nicht anbrennt. Etwa 1 min unter Rühren kochen lassen und dann in eine frische Schale oder Schüssel schütten, sofort mit Frischhaltefolie abdecken und die Folie auf der Vanillecrème festdrücken. Dadurch entsteht keine Haut auf der Crème.

DAS FOTO FINDET IHR AUF SEITE 164!

HERSTELLUNG CRUMBLE

Butter mit Salz, Zucker und Vanille-Zucker verkneten. Jetzt das Mehl dazu geben und nur so lange weiter kneten, bis ein grober Crumble entstanden ist.

HERSTELLUNG DES DESSERTS

Nudeln nach Grundrezept (Seite 26 oder 27, Vanille oder Schoko) herstellen und in sehr leicht gezuckertem Wasser kurz kochen. Sie sollten recht bissfest sein, da sie noch in den Ofen kommen. Dann absieben, abschrecken und gut abtropfen lassen. Kirschen in ein Sieb geben und gut abtropfen lassen.

Den Ofen auf 200 °C Umluft oder 210 °C Ober-/Unterhitze vorheizen.

Die Nudeln in eine Auflaufform geben und mit der Vanille-Crème übergießen. Anschließend den Streusel darauf homogen verteilen. Das Ganze im vorgeheizten Ofen auf mittlerer Schiene für 10–15 min backen. Je nach Ofen kann das variieren, der Crumble sollte gold-braun sein.

Sollte der Ofen ungleichmäßig backen, den Crumble bitte ab und an entsprechend der Färbung drehen.

SCHOKO-RAVIOLI

Ergibt 4 Portionen, Zubereitungszeit je nach Sorte 30–60 min

HERSTELLUNG

400 g Nudelteig nach Grundrezept (Seite 26/Schoko) herstellen. Den Teig gut verpacken und zur Seite legen. Nun können z. B. folgende Füllungen vorbereitet werden:

MIT BANANE UND SCHOKOCRÈME

ZUTATEN

200 g Wasser, kalt
20 g Zitronensaft
1 Glas Schokocrème
2–3 Bananen

TIPP: Dazu schmecken die Vanille- oder Himbeer-Soße von Seite 170/171.

HERSTELLUNG

In einer Schale kaltes Wasser mit dem Zitronensaft vermischen. Bananen schälen, in ca. 6 mm dicke Scheiben schneiden und in die Schale mit dem Zitronenwasser legen. Einmal vermischen und abgießen und abtropfen lassen.

Nun, wie auf Seite 125 beschrieben, Ravioli ausrollen und markieren.

Jetzt ½ Teelöffel Schokocrème in die Mitte der Markierung oder Kreis aufbringen. 1–2 Bananenscheiben auflegen und wie in der Anleitung, Seite 125, beschrieben, verschließen. Garen in kochendem, leicht gezuckertem Wasser, absieben und heiß genießen.

MIT WALDBEEREN

ZUTATEN

300 g Waldbeeren-Mix, TK
60 g Puderzucker
30 g Maisstärke

HERSTELLUNG

Waldbeeren in einer Schüssel auftauen lassen und absieben. Beeren dann wieder in die Schüssel geben. Puderzucker mit der Maisstärke vermischen und zu den Beeren geben. Alles vorsichtig mit einem Löffel vermischen.

Nun, wie auf Seite 125 beschrieben, Ravioli ausrollen und markieren.

Jetzt der Beeren-Mix mit einem Löffel in die Mitte der Markierung oder Kreis aufbringen. Wie in der Anleitung, Seite 125, beschrieben, verschließen. Garen in kochendem, leicht gezuckertem Wasser, absieben und heiß genießen.

MIT APFEL UND ZIMT-ZUCKER

ZUTATEN

300 g Apfel (Boskop oder Elstar)
50 g Zimt-Zucker

HERSTELLUNG

Die Äpfel waschen, trocknen, halbieren und entkernen. Dann in feine Würfel schneiden und in einer Schüssel mit Zimt-Zucker vermischen.

Nun, wie auf Seite 125 beschrieben, Ravioli ausrollen und markieren.

Den Apfel-Mix mit einem Löffel in die Mitte der Markierung oder Kreis aufbringen. Wie in der Anleitung, Seite 125, beschrieben, verschließen. Garen in kochendem, leicht gezuckertem Wasser, absieben und heiß genießen.

MIT ERDBEEREN UND MINZE

ZUTATEN

400 g Erdbeeren
1 Bund Minze
Vanille-Zucker

HERSTELLUNG

Die Erdbeeren waschen und putzen. Gut abtropfen lassen. Die Minze waschen, trockenschütteln oder -schleudern und die Blätter abzupfen.

Nun, wie auf Seite 125 beschrieben, Ravioli ausrollen und markieren

Die Erdbeeren in die, für die Rigatoni passende, Größe schneiden und in die Mitte der Markierung oder Kreis aufbringen. Jede Erdbeere mit etwas Vanille-Zucker bestreuen und auf jede Erdbeere 1–2 (nach Wunsch) Minzblätter auflegen. Wie in der Anleitung, Seite 125, beschrieben, verschließen. Garen in kochendem, leicht gezuckertem Wasser, absieben und heiß genießen.

TIPP: Zu Waldbeer-, Apfel-Zimt- und Erdbeer-Minz-Füllungen schmeckt die Vanille-Soße von Seite 170.

EIN FOTO FINDET IHR AUF SEITE 165!

SÜSSE MOHN-SCHUPFNUDELN

Für 4 Personen, Zubereitungszeit: 50 min, Fertigstellung: ca. 20 min

ZUTATEN

500 g Kartoffeln
110 g Dr. Schär Farine
3 Eigelb
4 g Salz
20 g Vanille-Zucker
20 g Zucker

FÜR DIE FERTIGSTELLUNG

80 g Butter
20 g Kristallzucker
100 g Mohn, gemahlen
200 g Puderzucker

TIPP: Anstatt Mohnzucker kann man sie auch mit Apfelmus servieren.

HERSTELLUNG

Pellkartoffeln in gut gesalzenem Wasser kochen, schälen und auskühlen lassen.

Dann durch eine Kartoffelpresse drücken oder stampfen und mit den restlichen Zutaten von Hand zu einem geschmeidigen Teig verarbeiten.

Den Teig ca. 30 min ruhen lassen, nochmals abschmecken und die Konsistenz überprüfen. Sollte der Teig zu fest sein, bitte noch etwas Milch unterkneten.

Nun den Teig auf einer bemehlten Arbeitsfläche zu mehreren 3 cm dicken Rollen formen und davon Stücke abschneiden.

Einen Topf mit gesalzenem Wasser zum Kochen bringen und währenddessen die Teigstücke zwischen den Handflächen zu Schupfnudeln rollen.

Die Schupfnudeln portionsweise in siedendem Wasser für 3–5 min leicht köcheln lassen (bis sie oben schwimmen), kalt abschrecken und abtropfen lassen.

Während dem Abtropfen den Puderzucker mit dem Mohn vermischen.

Die Butter in einer großen Pfanne schmelzen lassen und die abgetropften Schupfnudeln dazu geben. Die Schupfnudeln nun gold-braun anbraten. Kurz vor Ende der Bratzeit die 20 g Kristallzucker zugeben und die Schupfnudeln karamellisieren lassen.

Die karamellisierten Schupfnudeln auf die Teller heiß verteilen und mit dem Mohnzucker bestreuen.

VANILLE-SOSSE

Für 4 Portionen, Zubereitungszeit: ca. 15 min

ZUTATEN

400 g Milch
80 g Zucker
1 Vanille-Schote
60 g Eigelb

HERSTELLUNG

Milch und Zucker in einen nicht zu großen Topf geben. Vanilleschote auskratzen und das Vanillemark in die Milch geben. Dann Eigelb mit einem Schneebesen in der Milch verrühren. Die Schüssel für die Vanille-Soße bereitstellen.

Nun den Topf auf den Herd geben und bei nicht ganz voller Hitze die Milch ständig mit einem Rührlöffel (kein Schneebesen) rühren. Ein Back-Thermometer bereithalten. Immer weiter Rühren und zwischendrin die Temperatur messen.

Die Mischung darf nicht zum Kochen gebracht werden.

So lange weiter rühren, bis das Back-Thermometer 80 bis 82 Grad anzeigt. Dies nennt man »zur Rose« abziehen.

Ist die Temperatur erreicht, dann sofort vom Herd nehmen und mithilfe eines feinen Siebes in die Schüssel für die Soße gießen.

TIPP: Sollte man die Vanille-Soße nicht direkt benötigen bzw. kalt benötigen, die Soße mit einer Frischhaltefolie so abdecken, dass die Folie die ganze Soßenoberfläche berührt und bedeckt. Das verhindert die Entstehung von Haut auf der Soße. **Aber aufgrund des Eigelbs darf die Soße nur 1 bis max. 3 Tage kalt stehen.**

HIMBEER-SOSSE FÜR NUDEL-DESSERTS

Für 4 Portionen, Zubereitungszeit: ca. 15 min

ZUTATEN

500 g Himbeeren, tiefgekühlt
80 g Wasser
10 g Vanille-Zucker

HERSTELLUNG

Die gefrorenen Himbeeren mit dem Zucker und dem Vanille-Zucker in einen Topf geben und langsam zum Kochen bringen. Dabei in kurzen Abständen immer wieder umrühren.

Wenn die Soße einmal aufgekocht ist, diese vom Herd nehmen und durch ein feines Sieb in die Soßenschale gießen.

ERKLÄRUNG

»Zur Rose« abziehen ist ein Begriff, der beschreibt, wie früher solche Soßen ohne Thermometer hergestellt wurden. Hierzu wurde mit einem Holzlöffel gerührt, dieser immer wieder aus der Soße genommen und auf seine, mit der Flüssigkeit benetzen, Rückseite gepustet. Wenn dann ein Muster in der Art einer Rose entstanden ist, war die Soße abgebunden. Heutzutage macht man das mit einem Thermometer, da diese Variante hygienischer ist.